阿弥陀聖衆来迎図
画像提供：奈良国立博物館（撮影：森村欣司）

はしがき

シリーズ実践仏教第二巻『現世の活動と来世の往生』は、地域と時代の異なる二つの概説を収める。

第一章「律《りつ》に説かれる宗教活動――インドにおける「行像《ぎょうぞう》」」の執筆者、岸野亮示氏は「律」の専門家である。「律」とは、仏教の出家者たちが教団の中で平穏な共同生活を送るために定めた生活規則をいう。しかし氏の取り上げる主題は「律」そのものでなく、インドの「律」に記される一つの行事である。それがインドから中国へ仏教が伝わった時に変容を遂げたことの意味を論じる。

その行事とは、「行像」という、仏像を輿に載せて街中を回る御練《おね》りである。岸野氏はその発端を記す資料として「律」のある記述に注目する。中央アジア地方と中国では、およそ紀元後三～四世紀から「行像」が盛んに行われた記録が残っている。だがそれはインドの「律」に書かれている内容と著しく異なると岸野氏は指摘する。インドの「律」が本国の古い伝承を含む一方で、中央アジアや中国の伝承は周辺地域の新しい伝承である。行像の仕方についてインドと東方地域になぜ違いが生まれたか、行像の元来の姿はどのようで、何のために行ったかについて、氏は謎解きをして見せるかのように鮮やかに解説する。

律は、経・論と並ぶ三蔵《さんぞう》に含まれる基本文献である。しかし他の書物に現れない特殊な言葉や言い回しがあるため、研究者にとってもかなりの専門知識を要する難物である。そこで氏は、主題の行像を扱うに先立って、そもそも「律」とは何かという初歩から説き起こす。この意味で本章は「律」の優れた入門書でもある。カリフォルニア大学ロサンゼルス校（UCLA）で学んだ氏は、「律」を〝古い〟テキストでなく、これからも新たな解釈の可能性と情報を含む歴史資料と捉える。読者は、随処に慎重かつ斬新な見方を感じるに違いない。

第二章「往生の秘訣――平安日本の臨終行儀」は、実践の諸相を別の角度から照らし出す。著者のジャクリーン・I・ストーン氏は、アメリカのプリンストン大学名誉教授である。本章の英文原論文“The Secret Art of Dying: Esoteric Deathbed Practices in Heian Japan”は、自身の編集した次の単行本に収録される。『仏教における死――実践・論議・表象』(*The Buddhist Dead: Practices, Discourses, Representations*, edited by Bryan J. Cuevas & Jacqueline I. Stone, Kuroda Institute Studies in East Asian Buddhism No.20, Honolulu: University of Hawai'i Press, 2007)。

わたくしは本巻に日本中世の往生願望や臨終を扱う概説を入れたいと思い、最初、日本語で書かれた論著から執筆者を探そうとしたが不首尾に終わった。わたくしの知識不足とは別に、探しにくい理由もあると思った。現在の日本で行われている日本仏教史学は、多かれ少なかれ宗派の枠に収まるか、某某体制論といった史的研究か、国家との関係や寺院経済の研究が多いのである。思想史を真正面から扱う研究はむしろ国外に多い。仏教の研究は国際的である。インド仏教はインド以外に研究者が多い。日本仏教もアメリカやヨーロッパの研究から学ぶべき事柄が多い。ストーン論文を中山慧輝氏の和訳で紹介できることは、編者の喜びである。なお、ストーン氏の研究は質量ともに夥しく、臨終という主題に限っても本章を上回る次の大著がある。『今わの際の正しき思い――

日本中世の仏教と臨終行儀』(Jacqueline I. Stone, *Right Thoughts at the Last Moment: Buddhism and Deathbed Practices in Early Medieval Japan*, Kuroda Institute Studies in East Asian Buddhism No.26, Honolulu: University of Hawai'i Press, 2016)。ただしシリーズ実践仏教の全体的バランスを考慮して、本巻には敢えて簡略版の訳を収める。

第一章は、インドにおける行像の発端として、過去世に修行を積んだ成果として現世でゴータマ・シッダールタがブッダとなれたという、過去世と現世のつながりを扱う。第二章は、修行者が現世を去りゆく瞬間にいかなる行為で来世に想いを託すかという、現世から来世への往生を主題として取り上げる。これら二章を収める本巻を『現世の活動と来世の往生』と題する所以である。

現世の活動と来世の往生

目次

はしがき

第一章　律に説かれる宗教活動――インドにおける「行像」―― 五

はじめに …… 六

一　インド仏教をなぜ研究するのか　二　インド仏教をいかに研究するのか

三　「律（Skt. vinaya）」というテキスト

第一節　「根本説一切有部律」とは …… 二〇

一　まとまった形で現存する六つの律文献　二　「根本説一切有部律」の特徴

第二節　「行像」とは …… 三八

一　「中国レンズ」と「仏像」について　二　日本や中国における「行像」

三　旅行記に見られる西域・インドにおける「行像」

第三節　「根本説一切有部律」に説かれる「行像」 …… 六〇

一　『ニダーナ』と『ムクタカ』というテキスト
二　『ニダーナ』に見られる「行像」に関する規定
三　『ムクタカ』に見られる「行像」に関する規定
第四節　いつ「行像」は開催されたのか……九四
おわりに……一〇五
参考文献……一一五

第二章　往生の秘訣――平安日本の臨終行儀――……一二一

はじめに……一二三
第一節　密教儀礼と浄土の願い――問題とならない二つの融合……一二七
第二節　密教的臨終の姿勢……一三五
第三節　密教的な臨終行儀のやり方……一三八
第四節　実範――真言行者にとっての臨終行儀……一四一
第五節　覚鑁――密教儀礼としての臨終行儀……一五〇
第六節　二重の論理……一五六

第七節　少数派の見解……一六二
結　語……一六五
注……一六九
参考文献……一八〇
語彙解説……一九三

図版一覧／索　引

第一章　律に説かれる宗教活動
――インドにおける「行像」――

岸野亮示

はじめに

一　インド仏教をなぜ研究するのか

仏教の歴史、それは「仏教」という宗教の時空を超えた旅の歴史であると言える。紀元前五世紀頃にインド亜大陸のガンジス河中流域において興隆した仏教は、その後、通商路に沿って諸地域に広まり、そこから一般に三系統に大別されるルートを経てアジア広域に伝播した。すなわち、（一）紀元後一世紀頃までにヒマラヤを迂回し中央アジアを経て中国に渡り、そこから次第に朝鮮半島・日本へと伝わる「北伝ルート」、（二）紀元前三世紀半ば頃にスリランカに伝播し、そこからビルマ・タイ等の東南アジア諸国へと広がる「南伝ルート」、そして（三）七世紀頃にヒマラヤを越えチベットに渡り、そこからモンゴル・ブータン等へのチベット文化圏へと広がる「チベットルート」である。この三ルートを経て、アジア広域に伝播した仏教は、本土インドにおいては永続することなく十三世紀初頭には衰滅してしまうものの、今なお多くのアジア諸国において伝統的に信仰されており、結果、アジア広域の言語や文化、さらには政治や経済にいたるまで大きな影響を与えている。

このようにインドを出発点とし他の諸地域に深く根付いた仏教の旅の軌跡を振り返ってみたとき、留意すべきは、その「仏教」が決して単一のものではないという点である。仏教は、インド亜大陸から拡大する一方で、諸地域において独自の変容と展開を遂げているのである。ではインド亜大陸から諸地域へ伝えられた仏教は、どのような変容と展開を遂げたのであろうか。すなわち、北伝ルートを経て、主に漢訳仏典に基づいて伝承されてきた漢字文化圏（中国・朝鮮半島・日本等）の仏教、南伝ルートを経て、主にパーリ語というインドの古い俗語の仏典に基づいて伝承されてきたパーリ語文化圏（スリランカ・東南アジア諸国等）の仏教、そしてチベットルートを経て、主にチベット語訳仏典に基づいて伝承されてきたチベット文化圏（チベット・ブータン・モンゴル等）の仏教は、原初形とも言うべきインド亜大陸の仏教と具体的にどこがどう異なっているのであろうか。この問いに正確に答えるためには、今は亡きインド亜大陸における仏教の実態解明が重要であることは論を俟《ま》たない。現在の仏教が示す特徴や問題は、原初形のそれとの比較を通じて初めて明らかになるからである。

一例を挙げよう。日本に在住する者にとって、もっとも馴染みのある仏教思想の一つが、死後におもむく世界として、西方にある阿弥陀仏（Skt. Amitābha/Amitāyus）という名のブッダがいる極楽（Skt. sukhāvatī）世界を想定するいわゆる「浄土思想」であることは間違いない。この思想の典拠の一つである『観無量寿経《かんむりょうじゅきょう》』という漢文経典に登場する、阿弥陀仏への敬礼を表した「南無阿弥陀仏《なむあみだぶつ》」という文言（「南無《なむ》」はSkt. namas［頭を下げる］の音写）は、日本においておよそ誰もが耳にしたことがあるであろう。実際、日本の文化庁が編纂した『宗教年鑑』（二〇〇七年版）を見てみても、日本の様々な仏教教団の中で「寺院等の数」「信者の数」ともに群を抜いて数値が高いのは、阿弥陀仏を信奉する「浄土系」の教団である（「寺院等の数」は30,080であり、第二位の「禅系」の20,929よりも一万近く高い。

また「信者の数」は19,331,616であり、第二位の「日蓮系」の15,397,354よりも四百万近く高い）。また同じく文化庁が公開している「国指定文化財等データベース」によると、二〇一九年五月の時点で、日本において「如来」の名称がつく国宝・重要文化財の彫刻は八〇七体あり、そのうち「阿弥陀如来」は四割近くの三三九体存在する（「如来」と「仏」は同義である）。このように現代日本においては浄土思想や阿弥陀仏信仰は名実ともに一般的であると言える。一方で、スリランカやタイ等のパーリ語文化圏に行けば、浄土思想を専一的に奉ずる出家修行者はまずいないであろうし、また阿弥陀仏の像を日本のように各地で目にすることもない。仏像の大多数は阿弥陀ではなく、仏教の開祖であるシャカムニ（Skt. śākya-muni［シャーキャ族出身の聖者］）である。ならば仏教の発祥地インドにおいてはどうであったであろうか。日本のように阿弥陀仏を主とする浄土思想が広く長く浸透していたのであろうか。もしそうであるならば、現在の日本の仏教のあり方は古来インドのあり方に近い言わば原初形をとどめたものであって、一方で現在のスリランカやタイのように浄土思想が一般的ではない仏教は、本来の仏教のあり方から変遷したものであると言えるであろう。しかしながら、昨今のインド仏教研究の成果によると、インドにおいて浄土思想が他を圧倒するほど流行したことを明確に示す痕跡はほとんど見つかっていないことが知られている。つまりは、日本における現在の仏教のあり方こそが、インドの原初形から言えば、かなり特徴的である可能性が高いのである。このように、我々が慣れ親しんでいる現在の仏教は往年のインドの仏教と比べることによってその特徴や問題が明確なものとなる。こここにインド仏教研究の大きな意義の一つがあると言える。

本稿は、そのインド仏教研究の意義にのっとり、原初形とも言うべきインドの仏教のあり方を明らかにした上で、それと伝播した地の仏教のあり方との比較を試みるものである。具体的に言えば、本稿のタイトルが示す通り「律《りつ》（Skt. vinaya）」という仏教テキストに基づいて、中国や日本などの漢字文化圏の仏教国においては一般に「行像《ぎょうぞう》」という呼称で知られる「仏像」を街中に巡行させる仏教行事が、仏教の発祥地であるインドではどのようになされていたのか、その概要と特徴を明らかにし、それが中国や西域諸国（中国の西方にあるタリム盆地付近の諸国）で盛んに行われた「行像」とどのように異なるのか、あるいは同じなのか、その異同を考察することを狙いとしている。本稿の骨子を大まかに言えば、前半（第一節と第二節）は、本稿の主たるソースである「律」についての概説であり、後半（第三節と第四節）は、「行像」の解説ないし考察に相当する。では早速これより「律」という文献資料がどのようなものであるかの説明に入るとしよう。さしあたっては資料の扱い方に関してインド仏教研究全般にあてはまる幾つかの特徴を解説することから始めることにする。

二　インド仏教をいかに研究するのか

現行のインド仏教研究には幾つかの大きな特徴があるが、先ず挙げられる特徴としては、その手法として文献資料を批判的に解読しその伝承過程や祖型を探る「文献学《ぶんけんがく》（フィロロジー［philology］）」というアプローチを主体としている点を指摘することができる。もしもチベット文化圏の仏教を研究するのであれば、チベット語の仏教文献を解読すること以外にも、例えばチベット自治区の区都であるラサにある寺院に赴いて、そこで僧侶たちの修行生活を目の当たりにしたり、彼らから伝統的な聖典の読誦方法や儀礼作法について教えを受けたりすることも有効であるかもしれない。あるいは、日本の仏教を研究するのであれば、往年の名僧たちが実際に参照していた古写経の類を見るために創建の古い寺院の経蔵を訪ねて、そこに所蔵されている資料の調査をすることも有益であるかもしれない。

しかし、インド仏教研究においては、こうしたアプローチがとられることはほとんどない。先述の通りインドにおいて仏教の伝承は十三世紀に途絶えてしまっているため、現在のインドにおいて往年の仏教について正確な情報を与えてくれるまとまった分量のモノやヒトを求めても、それらを得ることは容易ではないからである。また、そもそもインド仏教研究は、十八世紀後半のヨーロッパにおいて、ギリシア古典やキリスト教の文献学の手法をインド古典に適用することによって生まれた学問領域である。イギリスがインドを植民地化する過程において、ヨーロッパではインドの文物への関心が急速に高まり、なかでも一七八六年にイギリスの言語学者にしてインドのカルカッタ（現在のコルカタ）において裁判官の職務についていたウィリアム・ジョーンズ（William Jones 一七四六〜一七九四）によって、インドの古典語の一つであるサンスクリットがヨーロッパの古い言語と同系統であること、さらにはそれが「ギリシア語よりも完全で、ラテン語よりも豊富であり、しかもそのいずれにもまして精巧である」ことが指摘されることによって（風間一九七六・一三頁）、古典インド語で書かれた文献資料の研究が一気に盛んになり、その一環として仏教研究が始まった。つまりは、インド仏教研究は、その成立当初より文献学的アプローチを主体とすることが運命づけられていたと言えるのである。ちなみに日本は、そのヨーロッパ流の仏教学を十九世紀に導入した。そしてそこに六世紀の仏教伝来より伝統的に継承されてきた漢語文献を用いての仏教研究の成果を重ね合わせることで、ヨーロッパ諸国に負けず劣らずの優れた研究成果を発表し続け、現在も国際的に仏教学を牽引する役割を担っている。

インド仏教研究の大きな特徴の二つ目としては、研究対象の中心が思想であることが挙げられる。仏教は宗教であるから、それが思想を核としていることは確かである。一方で、その思想を実際に担うのは数多のヒトであり、またそのあり方や影響を目に見える形で提示するのは様々なモノである。にもかかわらず、このヒトやモノに関する研究、すなわち、修行者や信者の生活形態や信仰活動の様子についての研究や、彼らが実際に用いていた物品や彼らの身を取り巻いていた環境に関する研究は、思想研究に比べるとはるかに遅れているのである。この研究対象の偏りも近代仏教学の特殊な成立事情と無関係ではないことが既に指摘されている。近代仏教学が十八世紀にヨーロッパで起こったことは、既に述べた通りであるが、それはキリスト教宣教のために仏教がどのような教説の宗教であるかを調べようとしたことに端を発しており（水野二〇〇四・七三頁）、そのため研究対象としては、当初より経典や論述書といった教義に直接関わる文献が中心であったのである。この傾向はその後も続き、結果、インドの仏教修行者たちの思想については一定の解明が進み、一般にも広く知られるところとなっている。例えば、「縁起《えんぎ》（Skt. pratītya-samutpāda）」「無我《むが》（Skt. anātman）」「空《くう》（Skt. śūnyatā）」といった仏教の教説についての論考は数多く公刊されており、それらの——内容はともかく——名称は、本書を手にするような仏教に少なからず関心を持つ者の耳には、既に馴染みのあるものになっていよう。一方で、インドの仏教修行者たちが実際にどこに住み、何を着て、何を食べ、どのような活動をしていたのかといった点は未だ充分には明らかにされていない。「古代インドの仏教修行者」という言葉から連想される一般的なイメージは、今なお「人々と交わることなく、ボロを身にまとい、一人修行に励む」といった類のものであろう。そのような漠然とした——必ずしも実情にそぐわない——イメージがステレオタイプ化され、われわれの頭の中に定着してしまっている現状もまた、経典や論述書の研究を中心とする仏教学の産物の一つであると言えるかもしれない。

三　「律（Skt. vinaya）」というテキスト

（1）仏教研究における律の重要性

こうした教義研究中心の偏向を是正するかのように、二十世紀後半より「律《りつ》（Skt. vinaya）」と呼ばれる仏教文献の研究が少しずつ進められている。律は、インドにおいて仏教の開祖であるブッダ

（Skt. buddha［目覚めた者］シャカムニは覚りを得た後はブッダという尊称で呼ばれるのが一般的である）が入滅した後、数世紀の間に形成されたとされる仏教グループ（一般に「部派《ぶは》」と呼ばれる）が、「経《きょう》」（Skt. sūtra）」と並んで、ブッダの直説として伝持してきたと言われている聖典テキストであり、大乗《だいじょう》経典（詳細は後述）が成立する前から存在していた、いわゆる「初期仏典」の一部である。日本を含む漢字文化圏の仏教伝承においては「戒律《かいりつ》」という名称で呼ばれることも少なくないが、この「戒律」という用語は「律」以外の様々なテキスト（たとえば、在家者向けの「五戒《ごかい》」、大乗仏教と関係する「大乗戒《だいじょうかい》」や「菩薩戒《ぼさつかい》」、中国で成立した「梵網戒《ぼんもうかい》」などについて説いたテキスト）も指しうる多義的な要注意の用語であるので本稿では用いない。

律の内容を一言で言えば、仏教教団を構成する出家修行者たちの生活規範である。仏教の出家修行者は、周知のごとく、男性だけではなく女性もいる。インドにおいては両者は当初よりそれぞれ別の集団を形成し、特定の儀礼を執行する場合などを除くと生活を共にすることはなかったようである。一般に、男性出家修行者は、「比丘《びく》（Skt. bhikṣu［食を乞う者］）」と呼ばれ、女性出家修行者は「比丘尼《びくに》（Skt. bhikṣuṇī［bhikṣu の女性形］）」と呼ばれる。彼ら比丘《びく》・比丘尼《びくに》は、出家修行者になるための正式な手続き（漢字文化圏においては、一般に「授戒《じゅかい》」ないし「受戒《じゅかい》」と呼ばれる。詳しくは後述）を踏んだ特定の身分の者たちである。一方、まだその手続きを経ていない、いわば見習いのような身分の者として、比丘の下には、一般に「沙弥《しゃみ》（Skt. śrāmaṇera［勤め励む者］）」と呼ばれる者、比丘尼の下には、一般に

「式叉摩那《しきしゃまな》（Skt. śikṣamāṇā［学習する女人］）」と呼ばれる者と、そして一般に「沙弥尼《しゃみに》（Skt. śrāmaṇerī［śrāmaṇera の女性形］）」と呼ばれる者がいるのだが、律が定める規定は、基本的には比丘・比丘尼のみを対象としたものとなっている。

律は、漢字文化圏においては「戒律」と呼ばれることも少なくないことから、特に日本に在住する現代人からは、旧約聖書に説かれている「十戒」などと同様に、あたかも「〇〇をすることなかれ」という禁止規則ばかりがならんでいるというイメージを持たれがちである。だが実際はそうではない。むろん禁止規則もテキストの中心要素の一つではあるが、それらの多くは、ブッダがそれらを制定するに至った経緯を説明した物語（いわゆる「因縁譚《いんねんたん》」）や、禁止規則の文言や表現についての解説、あるいは、その適用範囲の説明なども伴っている。そして、その禁止規則も「殺すな」「盗むな」といった漠然とした倫理規定ではなく「こうこうこういう場合にこういうことをすると、〇〇の罪になる」といった具体的で現実に即した内容となっている。一例をあげると、諸律には、男女の仲をとりもってはならないという規定が含まれている。これは、寺院の後継者問題を解決せんといわゆる「婚活」を推進するためのお見合いイベントを積極的に開催したり、あるいは檀信徒《だんしんと》に依頼を受けて縁談の仲介をしたりする現代日本の諸宗派の僧侶たちにとっては、いささか耳に痛い規定であるかもしれないが、その条文はパーリ語というインドの言葉で現存するいわゆる「パーリ律」では次のようである。比丘と比丘尼に向けられた条文を、平川彰《ひらかわあきら》（一九一五〜二〇〇二）という律研究の大家の現代語訳によって順に挙げよう（なお、これより以下、関連する先行研究から現代語訳などを引用することが度々あるが、そうした先行研究からの引用に限っては、そこに見られる難解と思われる語句や表現などに対して、本稿の執筆者が読みや説明を補足する場合にのみ〔 〕を用いて補足を加えている）。

いずれの比丘といえども、男女の媒介をなすならば、（すなわち）男子の意を女人に伝え、あるいは女人の意を男子に伝え、結婚、あるいは私通を（成ぜしめるならば）、乃至、暫時〔ざんじ〕のものであっても僧残〔そうざん〕である。

（平川一九九三・四二四頁）

いずれの比丘尼といえども、（男女の）媒介をなすならば、（すなわち）男子の意を女人に伝え、あるいは女人の意を男子に伝え、あるいは夫婦となし、あるいは情人となすならば、たとい須臾〔しゅゆ。少しの間の意〕のあいだなりとも、この比丘尼もまた、最初より罪となる法を犯せるものにして、退去さるべし、僧残なり。

（平川一九九八・一六九頁）

このように出家修行者は、男性（比丘）であれ、女性（比丘尼）であれ、男女の仲をとりもってはいけないことがブッダの直説として制定されているのだが、そこには、単に「～してはいけない」と禁止令が示されているだけではなく、「仲をとりもつ」ということがどのような行為であるのか、その行為がどの程度のものならば罪になるのかということが具体的に説かれている。両条文の最後に共通して見られる「僧残《そうざん》」というのは、一般にSkt. saṃgāvaśeṣa の意訳語（「僧［出家修行者たちの団体］」を意味する saṃgha と「残り」を意味する avaśeṣa の複合語。その意味するところは明確には分かっていない）と考えられている律用語であり、ある罪、ないしその罪に堕した者の境遇の名称である。この罪に堕した者に課せられうる具体的な処分は、謹慎および比丘・比丘尼としての権利停止という、第二番目に重いものである（ちなみに第一番目に重い処分は教団からの追放である）。またこの規定が定められた理由としては、男女の仲をとりもつと、後にその二人が仲違いをした時に仲介者である比丘・比丘尼が非難され、結果、仏教への信頼を失墜させかねないからという趣旨のことが因縁譚に説かれている。なお、平川は、この規定を解説するにあたって現代日本の僧侶が携わる「婚活」イベントには一切触れてはいないものの、仏式の結婚式については言及しており、そこで「結婚の媒介者は仏教僧の司婚者とは別に存在する」ことを理由に僧侶が婚姻の媒介者になることはともかく、司婚者になることはこの規定に抵触するものではないというささか奇妙な弁明（?）をしている（平川一九九三・四二二頁）。それはともかく、このように律の禁止規則は、出家修行者が社会の中で集団生活を営む上で起こりうる現実的な悪しき状況を想定したものであり、悪しき行為とそれに伴う罰則が明確に説かれた具体的な内容となっている（なお、比丘向けの規則と比丘尼向けの規則の大半は、いまここで見た規則のように、行為主体が「比丘」⇅「比丘尼」と入れ替わっただけのほぼ同内容のものとなっている）。

また律には、こうした禁止規則以外にも「○○は、こうこうこういうやり方でやりなさい」というように説かれる、特定の儀式や行事の執行方法、衣食住に関する作法、造形物の製造方法、日用品の管理方法に至るまで、出家者個人や教団全体が遵守すべき多種多様な規定が数多く集められている。これらの規定は、出家修行者の日常や教団全体の運営の基盤であったと一般に考えられており、インドの仏教修行者の具体的な姿や教団の活動実態を窺い知ることができる重要な研究資料として注目・参照されているのである。

そして律の重要性を考える上で忘れてはならないのが、そこには、先に言及した、漢字文化圏においては「授戒《じゅかい》」ないし「受戒《じゅかい》」と呼ばれることの多い、新たな出家修行者を輩出するための手続きの正式な作法や規定が「ブッダの直説」として説かれているという点である。この作法や規定を守ることなく執行された授戒儀式は、原則、有効性をもたない。そのため、律の遵守がなければ正式な授戒は成立せず、正式な僧侶も——本来は——存在し得ない。以下にこの点についてもう少し詳しく説明するとしよう。

(2) 仏教伝播における律の重要性

本稿の冒頭において仏教の伝播《でんぱ》について言及したが、そもそも仏教が他国へと「伝播する」という現象は、具体的にどのような状況を指しているのであろうか。すなわち、何がどうなった時に「仏教が伝播した」と言えるのであろうか。この素朴な問いに正確に答えることは案外難しい。ある人は、次のように答えるかもしれない。それは仏像が伝わった時であると。別の人は、次のように答えるかもしれない。それは、経典が伝わった時であると。また別の人は、次のように答えるかもしれない。それは、仏の教えを説く人物がやって来た時であると。しかし、これらの回答はいずれも不正確である。というのも、これらは「仏教のあるところには必ず存在しなければならない要件」の全てを網羅した回答ではないからである。「仏教のあるところには、必ず存在しなければならない要件」とは、仏（Skt. buddha）・法（Skt. dharma）・僧（Skt. saṃgha）の三宝、すなわち、仏教の教主であるブッダ・その教え・その教えを奉じる出家修行者たちの団体の三者である。三宝に帰依《きえ》すること（三宝を自身の拠り所とすること）は、仏教徒となる際に先ず誓約される仏教徒にとっての最も基本的な出発点であって、大凡《おおよそ》いかなる時代、いかなる地域の仏教においても重視されてきた（水野一九七二・五六頁）。従って、仏教の伝播とは、厳密には、三宝の全てが伝わることを意味する。このうち「仏」や「法」の伝播というのは、比較的容易であると言えるかもしれない。と言うのも、ブッダの表象物や「ブッダ」という概念、あるいは仏教の教義を説くもの（者・物）が、かの地に渡り、そしてそれらが受け入れられたならば、伝播したと言えるからである。一方「僧」の伝播というのは容易ではない。「僧」の伝播とは、単に、かの地に出家修行者が赴き、彼らが受け入れられることを指すのではなく、そこで彼らが「授戒」を執行することによって一定数以上の正式な出家修行者を輩出し、その結果、そこに新たな出家者団体が樹立されることを指すからである。この新たな出家者団体の樹立を実現するための「授戒」のやり方を詳細に説くのが律である。従って、律なきところには、正式な授戒儀礼は存在せず、正式な授戒儀礼の存在しないところには、「僧」は存在しえず、結果、三宝は揃《そろ》わない。そのため、律は、仏教の伝播には欠かせない必須テキストなのである。裏を返せば、仏教が伝播した地域には、必ず律テキストも伝わっている。唐僧の鑑真《がんじん》（六八八～七六三）は、中国より五回の渡航失敗と自身の失明にもかかわらず日本へ渡来したことがよく知られているが、それは日本において律に基づいた正式な授戒儀礼を執行し、正統性をもった僧侶を輩出するためであった（佐々木一九九九・六九～七〇頁）。このことからも、律の重要性が察せられよう。

付言すると、この律の重要性は日本においてはあまり認識されていないようであるが、それはおそらく日本の特殊な仏教伝承によるものであろう。鑑真が日本に伝えた授戒制度は、当時の日本の国家によりその正統性が保証され、日本の仏教界においても一般的なものになった。ところが、最澄《さいちょう》（七六七～八二二）が晩年に、律に基づかない授戒制度の樹立をはかり、後にそれが国家によって認められ、結果、日本では、必ずしも律に基づく授戒を執行せずとも新たな出家修行者を輩出することができるという仏教本来のあり方から言えば、あり得ない状況――日本仏教の戒律研究の第一人者として知られる石田瑞麿《いしだみずまろ》（一九一七～一九九九）の言葉を借りれば「一切の伝統を払拭した、まったく独自の変態《メタモルフォーゼ》」（石田一九七一・二四頁）――が生まれ、そしてそれが現在に至るまで続いているのである。

この仏教伝承は、実質的に律の重要性を否定してしまっているため、その伝承に慣れ親しんだ者には、律の存在意義は認められにくいのであろう。

ともあれ、律は、未だ謎の多い往年のインド仏教徒の生活の様子や信仰の形態を知る上で有益な資料であり、また仏教という宗教が次世代ないし他所に伝えられて存続する上で、本来は極めて重要な役割を果たす聖典であるのだが、本稿では、このうち前者の特性に注目し、律に基づいてインド仏教徒の信仰活動の一端を明らかにする。より具体的に言えば、律の中でも、ここ二十年ほどの間に飛躍的に研究が進んでいる「根本説一切有部律《こんぽんせついっさいうぶりつ》」（*ムーラサルヴァースティヴァーダ・ヴィナヤ *Mūlasarvāstivāda-vinaya）」という律典をとりあげ、その中でも特に『ニダーナ（Skt. Nidāna; Chin. 尼陀那 ; Tib. Gleng gzhi）』と『ムクタカ（Skt. Muktaka; Chin. 目得迦 ; Tib. rKyang pa/ Sil bu）』という、これまたここ十年ほどの間に急速に研究が進んでいる二つのテキストにおいて「行像《ぎょうぞう》」に関する規定が他の律テキストとは違って豊富に説かれていることに着目し、その規定を通じてインドで開催されていた「行像」の諸相と意義の一端を明らかにする。

第一節　「根本説一切有部律」とは

一　まとまった形で現存する六つの律文献

（1）三つの言語で現存する六つの律

ここで本稿が主として用いる文献資料について更に説明を加えておきたい。先ほど、インド仏教研究の特徴として文献資料に根ざした研究が中心であることを述べたが、インド仏教研究では、一般に一次資料として異なる三つの言語で現存する仏教文献が参照される。第一には、当然のことながら、古いインド語（サンスクリットやパーリ語等）で残る仏教文献である。もしもインドにおいて仏教が衰滅することなく、その伝統が現在に至るまで脈々と存続していたならば話は違っていたのであろうが、残念なことに、古いインド語で記された文献資料は、それだけで研究を十二分に遂行できるほど多くは現存していない。一方で、インド語から他言語に翻訳された仏教文献は大量に現存している。その代表格の二つが漢訳文献とチベット語訳文献である。インドより仏教が伝わった中国とチベットは、インドとは異なる言語体系を持つため、インド語の仏教テキストをそのまま読解して受容するのではなく、自国の言語体系へと変換することで理解と信仰を深めていったのである。彼らが翻訳した仏教テキストは膨大な数で現在にも伝わる。そのため、インド仏教研究においては、多くの場合、古いインド語資料の不足を埋めるべく、漢訳仏典とチベット語訳仏典も一次資料として参照される。

概して、漢訳テキストに比べるとチベット語訳テキストは、機械的な直訳であることが多いため、もとのインド語テキストの想定が容易である。これはチベットが九世紀に国家事業として翻訳語を厳密に統一したことによるのだが、例えば「仏教」の「仏」である「ブッダ」というインドの言葉は、漢訳では「仏」「浮屠」「仏図」「覚者」など様々に表記されるが、チベット語訳では、それが「サンギェー（sangs rgyas［完全な清浄］）」と固定されている。だがチベット語訳テキストは、翻訳自体も九世紀以降という新しいものであるため、つまりは翻訳の際に参照されたインド語テキストもインド仏教史の中でみればかなり新しいものであるため、そこからどれだけ古いインド語テキストに遡《さかのぼ》れるのかは定かではない。一方、漢訳テキストは、チベット語訳よりも翻訳年代が古いものが多いため（最古のもので二世紀）、チベット語訳よりは古いインド語テキストの様態をとどめている可能性が高い。だが漢訳テキストは、先に見た例からも分かる通り、チベット語訳テキストに比べると訳語の統一が不充分であり、その意味において明瞭な解読が容易ではない。もう一例あげると、例えば「道」という訳語の背後には、代表的なものだけでも、（一）Skt. mārga（例えば「八正道」）、（二）Skt. pratipad（「中道」）、（三）Skt. bodhi（「成道」）といったように、少なくとも三つのインド語を想定することができる。「道」という語を一つとってみても、それがどのインド語の翻訳であるのか、必ずしも一定ではないのである。このように漢訳仏典とチベット語訳仏典には一長一短があるが、両者ともに、インド仏教研究を遂行する上での重要な一次資料であることは間違いない（なお、このインドのことを知るために漢訳やチベット語訳という別言語の翻訳テキストを用いるという回りくどい手法を採らざるを得ないことも、インド仏教研究の大きな特徴の一つとして知られている。この点は後ほどもう少し詳しく説明する）。

律文献も例外ではなく、その異なる三種の言語で現存しているが、授戒儀礼の詳細をも含むまとまった形では六つの律テキストが現存している。そのうち四つは漢訳のみで現存している『十誦律《じゅうじゅりつ》』

(四〇四〜四〇五年)、『四分律《しぶんりつ》』(四一〇〜四一二年)、『摩訶僧祇律《まかそうぎりつ》』(四一六〜四一八年)、『五分律《ごぶんりつ》』(四二三〜四二四年)である(括弧内は翻訳年代)。いま一つはパーリ語で現存する「パーリ律」である。そして残るもう一つの律が、本稿の中心資料である「根本説一切有部律」であり、それは、チベット語訳でおそらく全てが(翻訳年代は九世紀前半)、唐代の義浄《ぎじょう》(六三五〜七一三)訳で全体の三分の二ほどが、サンスクリット写本(六世紀頃の写本)で全体の四分の一ほどが現存している(なお、昨今の日本の仏教学界においては、それら六つの律に対して「広律《こうりつ》」という呼称が用いられることも少なくないが、実はそれは、おおよそ日本の仏教学界においてのみ多用される特異な用語であり、しかもその呼称で呼ばれる律テキストは、時代によっても研究者によっても異なるので、本稿では用いない。cf. Kishino 2018)。これら六つのうち「パーリ律」を除く五つは、例えば『十誦律』は、サルヴァースティヴァーダ(Skt. Sarvāstivāda; 日本では一般に「説一切有部《せついっさいうぶ》」と表記される)という部派が、『四分律』はダルマグプタカ(Skt. Dharmaguptaka; 日本では一般に「法蔵部《ほうぞうぶ》」と表記される)という部派が伝持したといった具合に、それぞれが古代インドにおいて異なる部派によって伝持されていたと伝承されている(「パーリ律」に関しては、それが古代インドのどの特定の部派が伝持していた律であるのか定かではない)。このように言うと、あたかも一つの部派には一つの律しかなく、更にはその律こそが、各部派のアイデンティティの拠り所となっていたと聞こえるかもしれないが、話はそう単純ではない。その点についても少し説明を加えておこう。

（2）部派と律

インドにおいて仏教教団は、シャカムニ（紀元前五世紀頃）が没した後の数世紀の間に様々な「部派」に分裂して活動したと考えられていることは既に述べた。インド亜大陸の大部分を統一し、仏教をはじめとする諸宗教に対する理解と敬意が深かったことで知られるアショーカ王（紀元前三世紀半ば）が、自身の政治理念を法勅《ほうちょく》として大きな岩や石柱などに刻ませてインド内外の諸地域に建立した、いわゆる「アショーカ王碑文」の中には、仏教教団の分裂について言及するものがあるものの、そこには「部派」に相当する言葉（Skt. nikāya）や具体的な部派名は確認されていない。一方で、現在までに発見されているインドの仏教徒が残した数々の銘文のうち具体的な部派名に言及する最古のものは、紀元前二世紀頃のものであることが知られている。そのため、アショーカ王の在位以降、紀元前二世紀頃までの間に、インドの仏教教団には様々な「部派」が成立したと考えられている。ところが、そうした部派が何に基づく違いを有していたのか、何をもって自他を区別していたのかという最も基本的なポイントは、思いの外、明確には分かっていない。現代日本の宗派仏教に馴染んだ者の感覚から言えば、○○宗が『○○経』を拠り所とし、それに基づく教説を説き、一方でそれとは別の△△宗は『△△経』を拠り所とし、その教えを奉じているといったように、所依の経典が違っていたり、それに由来する教義が違っていたりすることが直ちに予想されるところではある。ところが、インドの部派間にそうした教説や思想の違いがあったことを説く資料は、あることはあるのだがその大半が後代の学僧によって著されたものであって、そのことを明確に裏付ける古い資料は充分には見つかっていない。そのため教説や思想以外のところに部派の違いが求められることがある。古くは、中国における仏教伝承において、古代インドの部派は身につける衣の色が違っていたとする説が提唱されたり、チベットの仏教伝承では、彼らの話す言語が違っていたとする説が提唱されたりもしたが、これらはいささか眉唾ものであることが知られている。一方、近代仏教学においては、先に述べたように、授戒儀礼の詳細を含むまとまった形で現存する六つの律のうち「パーリ律」を除く五つが、それぞれ異なる部派に属するという伝承を伴って現存していることから、部派の自他の区別は、律に求められることが少なくない。つまりは、○○という部派は○○という律を遵守し、△△という部派は△△という律を遵守するといった具合に、一つの部派には一つの律しかなく、各々の部派が、それぞれ固有の律規定にしたがった異なる集団生活を送ることで部派の違いを明確に認識していたと考えられることが多いのである。例えば、日本仏教思想史の大家として多産な文筆活動を展開する末木文美士《すえきふみひこ》は、近年、部派と律（末木自身は「律」ではなく「戒律」という言葉を用いている）の関係を説明するにあたって「……そういうふうに、どういう戒律を守るのかということが、グループ分けの場合に非常に重要になってきます。先ほど言ったように、仏教がだんだん部派と呼ばれるグループに分かれて、二〇にも三〇にもグループができてくると、その中でどの戒律を守っているかということが、それぞれ自分がどのグループに属するかということの、いちばんの基本になってきます」と述べ、さらには「……

自分たちが同じグループである、同じブッダの教えを信じ、それを実践するグループのメンバーであるという、それを証拠立てるアイデンティティーをどこに見出すかというと、そこで同じ戒律を保つということが要請されます。と言うのは、共同生活をしますから、同じ戒律を保っていないと、一緒に共同生活ができないわけです」（末木二〇一三・八八頁）と述べている。

これほどまでに明確な断言は珍しいものの、仏教学者の中にも、このように部派を律に基づいて明確に区別されるものと考える者が少なくない。しかしながら、律研究者の間では、そうした部派の区別は、律そのものの中には見出しがたいことがよく知られている。そもそも、『十誦律』『四分律』『摩訶僧祇律』『五分律』「根本説一切有部律」という五つの律が、それぞれ異なる部派によって伝持されていたという認識は、主にその律典をインドから中国へ持ち帰ったり、それを漢語に翻訳したりした者の証言や、律典の翻訳タイトル、あるいは他テキストとの関連といった状況証拠に基づくものであって、律テキストそのものに「これは〇〇部に属する」というように帰属部派が明言されているわけではない（平川一九九三・四七〜五三頁）。また「パーリ律」も含めて、まとまった形で現存する六つの律典は、その大まかな構造と内容において大差がないことが、平川をはじめとする複数の日本人研究者の研究によって繰り返し指摘されている。さらには、それらの律の中には、異なる部派に属したり、異なる律を保持したりする者についての記述が全く存在しないことも既に指摘されている（森一九九七・五〇頁）。しかも、このことは正式な比丘・比丘尼となるための授戒儀礼のやり方を説く箇所においても当てはまる。つまり、授戒儀式の進行過程において「これは○○という部派の授戒である」云々や「これより私は○○という部派に所属する比丘・比丘尼になる」云々といった、部派に言及する文言は一切みられないのである。要は、異なる部派に属する比丘・比丘尼たちが共同生活を送ることができなかったのかどうかも、比丘・比丘尼がいつどの時点で、ある部派に属するようになったのかも、さらには、そもそも比丘・比丘尼が、ある部派への帰属意識を本当に強く持っていたのかどうかも、律テキストからは窺い知ることはできないのである。確かにまとまった形で現存する五つの漢訳律典は、それぞれが異なる部派に帰属するものとして伝承されてはいるが、だからと言って、律こそが部派への帰属意識の拠り所であったとは容易には言えず、部派と律の関係は、未だ不明な点が多いのが現状なのである。

（3）律の受容と研究状況

続いて六つの律典の言語上の現存状況と研究状況について触れておこう。インドから仏教が伝播した地域を「漢字文化圏」「パーリ語文化圏」「チベット文化圏」という三つの文化圏に分けると、パーリ語文化圏とチベット文化圏においては、それぞれ「パーリ律」と「根本説一切有部律」という一つの律が伝わっている一方で、漢字文化圏においては『十誦律』『四分律』『摩訶僧祇律』『五分律』「根本説一切有部律」と五つものまとまった形の律典が伝わっている。パーリ語文化圏とチベット文化圏においては、それぞれ「パーリ律」と「根本説一切有部律」が唯一の律として専一的な位置を占めたことは言うまでもないが、では、漢字文化圏においては、その五つの律典のうち実際にどの律典が、出家修行者たちによって活用され研究されたのであろうか。中国では、当初は、都市によって、活用・研究されたテキストは様々であったものの、遅くとも『四分律』の注釈を数多く著した道宣《どうせん》（五九六〜六六七）の頃までには、諸律の中でも『四分律』が最も一般的になり、そしてその後も――義浄がインドより将来した「根本説一切有部律」を八世紀に翻訳するも――『四分律』の優勢は揺らぐことはなかったようである。また日本においても状況は同様で、八世紀に鑑真が中国より日本に授戒儀礼を伝えたことは先述した通りであるが、道宣の孫弟子と言われている彼が伝えたのは『四分律』に基づく授戒儀礼であった。そのため日本においても『四分律』が最も一般的な律典となった（だからと言って、『四分律』以外の律典がまったく顧みられなかったわけではない。この点は後述する）。寡聞《かぶん》にして朝鮮半島における律の伝承について詳細は知らないが、数少ない先行研究による限り、やはり律としては概して『四分律』が用いられていたようである（金二〇一七・五六〜五七頁）。結局、漢字文化圏においては総じて諸律のなかで『四分律』が最も一般的であったと言える。

こうした律の実際の受容状況と連動して、近代仏教学（インド仏教研究）における律研究の成果も、パーリ語文化圏の仏教諸国において今なお伝統的に準拠されている「パーリ律」と、漢字文化圏の仏教諸国において最も一般的な『四分律』が中心であった。近代仏教学の成立当初は、インド語で現存するパーリ語仏典の研究が集中的に行われたことがよく知られているが、律もその恩恵を受け、早い段階で全訳が発表されており、特に欧米においては「律といえばパーリ律だけを指す」と研究対象の偏りが揶揄《やゆ》されるほど、律の研究対象としては「パーリ律」が一般的なものになっている。また『四分律』に関しては、漢字文化圏において近代仏教学が成立する以前からの伝統的な実践・研究の蓄積があったことから、特に日本においてはその概要を知るのに適当な研究書が複数出版されている（例えば、佐藤密雄《さとうみつお》『律蔵：仏典講座四』一九七二など）。一方で、残る『十誦律』『五分律』『摩訶僧祇律』「根本説一切有部律」の四律は、先の二律に比べても研究は未だ不充分な状況であるが、このうち「根本説一切有部律」に関しては、ここ三十年ほどの間にその資料的価値の高さが広く知られるところとなり、急速に研究が進んでいる。それは「根本説一切有部律」には、他の五律には見られない興味深い特徴が幾つか見られることと密接に関係している。以下よりその特徴について述べるとしよう。

二　「根本説一切有部律」の特徴

「根本説一切有部律」の外形的な特徴としては、真っ先に「根本説一切有部律」は『四分律』等とは違って単一の典籍として伝わってはおらず、固有の名称を持つ複数のテキストの複合体として伝わっていることが挙げられるかもしれない。義浄訳で言えば、彼がどれほどの律テキストをインドから中国に持ち帰り、そして翻訳したのか、その詳細は定かではないが、現時点では『根本説一切有部《こんぽんせついっさいうぶ》毘奈耶《びなや》』をはじめとする十八部の律関係のテキストが伝わっている。このうち後代のインド人学僧によって撰述された『根本薩婆多部律摂《こんぽんさつばたぶりつしょう》』（図1）や『根本説一切有部毘奈耶頌《こんぽんせついっさいうぶびなやじゅ》』等を除いた十三部ほどが、近代以降の仏教学者によって「根本説一切有部律」と呼ばれており（「十三部ほど」と言ったのは、義浄訳で現存する十八部のうち、どのテキストを「根本説一切有部律」の律本体の一部とみなして、どのテキストを後代のインド人学僧による撰述物とみなすかは、研究者によって微妙に異なっているからである）、その名にちなんで「根本説一切有部《こんぽんせついっさいうぶ》（*ムーラサルヴァースティヴァーダ Skt. *Mūla-sarvāstivāda）」という部派によって伝持されたと一般に考えられている。なお、この「根本説一切有部」に関しては、先に述べた通り、近代仏教学においては「一つの部派には一つの律しかない」という想定が支配的であったこともあり、それを『十誦律』を伝持したとされる「説一切有部」と別のグループとみなす見解が一頃は一般的であった。ところが、律研究が進展した昨今では、「根本説一切有部」と「説一切有部」の両者を実質的に同じグループとする捉え方の妥当性が再認識されている（筆者も現時点ではそちらの捉え方に与《くみ》している）。

「根本説一切有部律」が、複数のテキストから成るのは、義浄訳に関してだけではない。チベット語訳においても同様であり、チベット仏教の伝統においては『ドゥルワ・シ（'Dul ba gzhi［律事］）』をはじめとする七つ（ないし八つ）の律テキストが「仏説の翻訳（カ・ギュル［bKa' 'gyur］）」たる律として今日に至るまで伝持されているのであるが、それら七つ（ないし八つ）が、内容的に義浄訳と対応することから、近代以降の仏教学者によって包括的に「根本説一切有部律」と呼ばれている。要は

「根本説一切有部律」という言葉は、ある一つの文献に対する固有の文献名ではなく複数の律テキストを指す——近代以降の仏教学者が便宜的に用い始めた——総称なのである。本稿の筆者が一貫して『根本説一切有部律』という二重の鉤括弧ではなく「根本説一切有部律」と一重の鉤括弧を用いて表記しているのはそのためである。もっとも、この外形上の特徴は『十誦律』『四分律』『摩訶僧祇律』『五分律』にはあてはまらないものの「パーリ律」にはあてはまる。「パーリ律」という呼び名も単一の典籍を指すものではなく、パーリ語で伝わる『スッタ・ヴィバンガ（Sutta-vibhaṅga〔経分別〕）』等の律テキストの総称である。従って「根本説一切有部律」という呼称が複数のテキストを指す総称であるという点は「根本説一切有部律」にのみ特有の特徴とは言えない。より厳密な意味で「根本説一切有部律」に特有であって、研究にも関わる重要な特徴は、以下に述べる三点である。

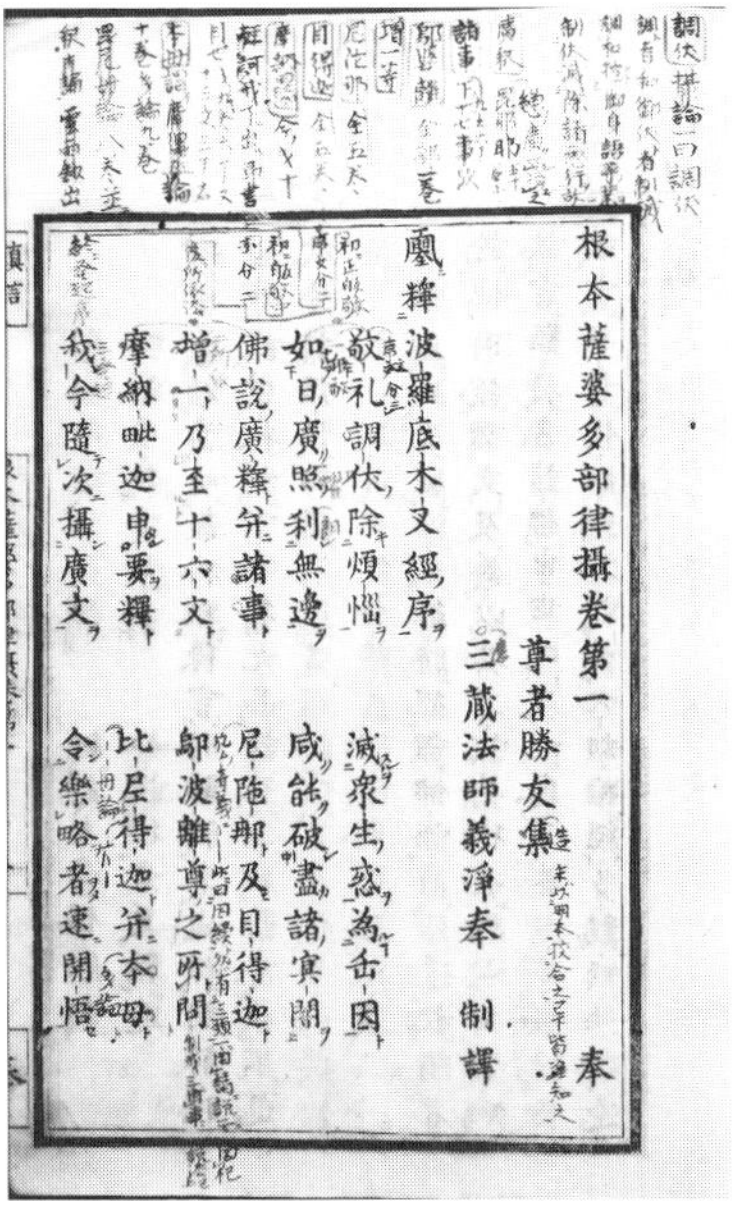
根本薩婆多部律攝卷第一
尊者勝友集
三藏法師義淨奉　制譯
廣釋波羅底木叉經序
敬禮調伏除煩惱　滅衆生惑為害因
如日廣照利無邊　咸能破盡諸冥闇
佛說廣釋并諸事　尼陀那及目得迦
增一乃至十六文　鄔波離尊之所問
摩納毗迦申要釋　比尼得迦并本母
我今隨次攝廣文　令樂略者速開悟

図１　学如撰『根本薩婆多部律摂』

　第一に「根本説一切有部律」は、先述の通り他の五律とは違ってチベット語訳でも漢訳でも現存している。つまりは、インドからチベット文化圏と漢字文化圏という二つの異なる文化圏に伝わったことが確実に言える唯一の律である。チベットにおいては、伝来当初より、出家修行者の行動規範ないし教団の運営基盤の中心要素の一つになっていたと考えられている（もっともチベットの仏教伝承において「根本説一切有部律」が実際にどのように用いられたのかは未だ充分には明らかにされていない。チベット仏教の伝統では、遅くとも十三世紀以降は、現在に至るまで『律経《りつきょう》（Skt. Vinaya-sūtra）』と呼ばれる「根本説一切有部律」の綱要書の方が、律本体よりも重用されていることが知られている）。では漢字文化圏においてはどうかと言えば、中国では、先立って将来された『四分律』の影に隠れてほとんど振るわなかったことが指摘されている。中国において「根本説一切有部律」を実際に用いて出家生活を送った者たちが数多くいたことを示す記録、あるいは「根本説一切有部律」という新たな律典の登場により、既に一般的になっていた『四分律』の優勢が揺らいだことを示唆するような歴史的事実は、控えめに言っても、あまり見つかっていないのである（大谷二〇一五。ただし「根本説一切有部律」に含まれている説話が、当時の文壇や知識人層に少なからず影響を与えたことは指摘されている：平田一九九五）。しかしながら「根本説一切有部律」の活用・研究は、その将来者・翻訳者である義浄の死後一千年以上の時を経て、極東の日本において実現することになる。日本においても、律テキストに関しては、長らく『四分律』が一般的であったことは既に述べた通りであるが、江戸時代後期に至って「根本説一切有部律」が遽《にわか》に脚光を浴びるようになる。近世中期から各宗に拡がった「戒律復興運動」の中で、真言宗では、高野山の妙瑞《みょうずい》（一六九六～一七六四）や、安芸福王寺の学如《がくにょ》

（一七一六～一七七三）らが、宗祖である空海（七七四～八三五）がいわゆる『三学録《さんがくろく》』において真言宗所学の律として「根本説一切有部律」を挙げていることに着目し、その律典の研究に努め、「根本説一切有部律」に基づいた儀礼・出家生活を宣揚・実践するに至ったのである（Clarke 2006）。また直接「根本説一切有部律」を用いた事例ではないが、近世後期の戒律復興運動の立役者の一人でもある慈《じ》雲《うん》（一七一八～一八〇四）の弟子の一人である皓月《こうげつ》（一七五五～一八三三）という尼僧が和文で著し、その後明治から昭和初期にいたるまで繰り返し版を重ねた『三世《みよ》の光』という仏伝《ぶつでん》（ブッダの伝記）が、「根本説一切有部律」に含まれている仏伝を下敷きにしていること、そしてそれが特に明治期に入ってから浄土宗の尼僧の学林において教科書として重用されたことが知られている（木南一九八〇・三六八頁）。これらは漢字文化圏の仏教教団において実際に「根本説一切有部律」が活用ないし参照された貴重な事例である。こうして見ると「根本説一切有部律」は、チベット文化圏と漢字文化圏の両域の仏教伝承に少なからず影響を与えている唯一の律典であると言える。

第二に「根本説一切有部律」は、他の五律に比べると、テキストの分量が著しく膨大であることが知られている。例えば平川彰はかつてそれを「他律の四倍以上」と見積もったが（Hirakwa 1982: 11）、近年、カナダのシェーン・クラーク（Shayne Clarke）によりもう少し正確な算定がなされている。それによると、義浄訳の「根本説一切有部律」が全て現存したとすると、それは『五分律』の約七倍、『摩訶僧祇律』の約六倍、『四分律』と『十誦律』の約四倍の分量になるのだそうである（Clarke 2016–

2017: 204)。ではなぜ「根本説一切有部律」が、それほど巨大なテキストになっているのかと言えば、その大きな理由の一つとして、「根本説一切有部律」には、律規定とは直接関係のない物語が数多く内包されており、結果、律典全体も浩瀚《こうかん》になっていることが知られている。律には単に禁止規則が列挙されているだけではなく、それらをブッダが制定するに至った経緯を説明した「因縁譚」が含まれていることは既に述べたが、その因縁譚がもはやそれを経て制定される規定そのものとはほとんど無関係の長編の説話になっていたり、そこでブッダや仏弟子等の今世譚や前世譚が説かれたり、あるいは、初期経典に見られる教説を伴った物語がそっくりそのまま含まれていたり、とにかく物語が量の上でもジャンル上でも豊富に備わっているのである。こうしたテキストの持つ「物語性」は、他の五律においても確認されるものの「根本説一切有部律」ほどの著しさはない。

第三に「根本説一切有部律」は――おそらくはその浩瀚さゆえに――中世のインド人律師によって撰述された関連テキスト（綱要書や注釈書）が数多く現存しており、この点も、他の五律には見られない重要な特徴として知られている。チベット語に翻訳された仏典は、遅くとも十四世紀以降、一大集成として時の有力者や権力者の力により幾度となく編纂され、現在にまで様々な写本・版本が伝わっているが（いわゆる「チベット大蔵経《だいぞうきょう》」）その中に、インド由来の「根本説一切有部律」の関連文献は、三十ほど収められている。また義浄訳でも五つほどの関連文献が現在にまで伝わっている。これらの関連文献は「根本説一切有部律」の解読や全貌解明において、時に貴重な情報をもたらす重要な存在であることは言うまでもないが、そのような比較的古いインド由来の関連文献の存在は、他の五律に関してはほとんど見当たらない。せいぜい「パーリ律」に関してブッダゴーサという五世紀頃のインド人学僧に帰される『サマンタ・パーサーディカー（Samantapāsādikā「一切の善見」）』と『カンカー・ビタラニー（Kaṅkhāvitaraṇī「疑惑の越度」）』という注釈書が現在にまで伝わる程度で、『十誦律』『四分律』『摩訶僧祇律』『五分律』に関しては、純然たるインド由来の古い綱要書や注釈書は現存しないのである。このように「根本説一切有部律」は、インド仏教研究に資する関連文献を沢山伴っているという点においても他の五律とは異なる特徴的な律であると言える。

これら三点の「根本説一切有部律」特有の特徴を踏まえると「根本説一切有部律」は「パーリ律」や『四分律』にも負けず劣らずの高い資料的価値を持つ重要なテキストであることが分かる。にもかかわらず、近代仏教学における研究は長らく手薄であった。この状況は特に日本において顕著であったと言える。まとまった成果としては、日本の近代律研究のパイオニアである西本《にしもと》龍山《りゅうざん》（一八八八〜一九七六）（図2）によって一九三〇年代に「国訳一切経《こくやくいっさいきょう》」シリーズにおける義浄訳テキストの綿密な脚注を伴った書き下し（ただし本稿の中心資料である『尼陀那（ニダーナ）』と『目得迦（ムクタカ）』は手がけられていない）と「仏書解説大辞典」における詳細な解題が発表されているが、それは極めて例外的であった。日本における律研究の唯一無二の金字塔として今なお研究者によって広く参照されており、下田（一九九七・二五頁）をして「律蔵研究の比類ない資料集成であり……その後も、これをしの

図２　西本龍山（1888–1976）

ぐ研究は現れていない」と言わしめている平川彰の『律蔵の研究』（一九六〇）においても「根本説一切有部律」は、他の五律に比べると充分には参照されていない。その理由としては、中国においてあまり振るわなかったことなど幾つか考えられるが、最大の要因は、漢訳・チベット語訳ともに翻訳年代が新しいということであろう。例えば、平川は同著において、特にチベット語訳の「根本説一切有部律」を指して「他の漢訳諸律がすべて五世紀の前半に訳出せられているのにくらべれば、翻訳年代の点においては、チベット訳は劣るといわねばならない」というように「劣る」という表現を用いて説明している（同・七三頁）。この平川の「根本説一切有部律」の内容を時代的に新しい――ゆえに重要度の低い――ものとみなす傾向は、その後の彼の研究においても一貫して続いており、それが彼以降の日本の律研究に与えた影響は決して小さくないと思われる。

一方、海外に目を向けると、一九九〇年代後半よりアメリカのグレゴリー・ショペン（Gregory Schopen）（図３）が、テキストの翻訳年代と内容の新旧を一致させることに異を唱え「根本説一切有部律」を積極的に用いたインド仏教史に関する革新的な研究を発表し続けることで、その内容の多様性や資料的価値の高さが広く知られるようになり、結果、律研究者はもとより、写本、説話、美術等の様々な領域の専門家によって注目・参照されている。またショペンの学問的薫陶を受けた研究者の数も増え、さらには一九八〇年代頃より始まった急速なチベット語テキストの電子データ化により、チベット語訳の「根本説一切有部律」の律テキストへのアクセスが容易になったことも相まって、「根本説一切有部律」研究は飛躍的に進んでいる。校訂テキストや訳注研究の数も増え、その全貌もほぼ明らかになってきている。本稿もこうした「根本説一切有部律」研究の進展に沿って次第に明らかになってきた新たな知見を用いるものであるが、特にショペンの研究成果に負うところが大きい。なお「根本説一切有部律」に描かれている仏教修行者たちの姿が、いつの時代のものであるのかという基本的かつ重要な点については、様々な議論があり未だ決着はついていないが、ショペンをはじめとする先学者の多くは、それを紀元後一世紀から五世紀頃のインドの状況を反映したものとして捉えていることを付言しておく。

図 3　Gregory Schopen

第二節 「行像」とは

一 「中国レンズ」と「仏像」について

さきほどインド仏教研究においては、インド語資料が充分には現存しないため、漢訳文献やチベット語訳文献といった翻訳テキストを、インド語原典に代わる重要な一次資料として多用することに言及したが、このいささか迂回《うかい》した手法を採らざるを得ないことも、インド仏教研究の大きな特徴の一つとして知られている。そしてこの手法が時にインド仏教理解に関して深刻な誤解をもたらしうることも研究者の間ではよく知られている。なかでも特に指摘されることが多いのが漢訳テキストのありようや中国仏教の状況をもって、それをそのままインド仏教のありようや状況の反映として理解する、いわゆる「中国レンズ（Chinese lens）」ないし「中国カガミ（Chinese looking-glass）」を通してのインド仏教理解という問題である（Nattier 2004; Schopen 2005a；cf. ショペン二〇〇〇・三～三〇頁）。例えば、インド仏教史ないしインド仏教思想全般における最大の転換点と言われる「大乗《だいじょう》仏教（Skt. mahāyāna）」の興隆に関する知見においても、この「中国レンズ」が用いられている。インド仏教史において、従来の仏教（大乗から見れば「小乗《しょうじょう》」と蔑称される仏教）とは大いに異なった特徴を幾つか持つことで知られる「大乗」が発生したのは、一般に紀元前一世紀から紀元後一世紀までの頃とされているが、そもそもこの想定の最大の根拠の一つは、大乗経典の最古の漢訳の翻訳年代が紀元後二世紀であることである。大乗経典は中国において紀元後二世紀に翻訳がなされているのだから、インドにおいて「大乗」はその百年ほど前に誕生していたのであろうという想定である（ちなみに「大乗」の誕生の上限は、どんなに遡ったとしても紀元前三世紀半ばより遡ることはないというのが一般的な想定であるが、これも単に「アショーカ王碑文」に「大乗」のことが明記されていないからという、いささか心もとない理由によるものである）。そしてインドにおいてその後「大乗」は、次第に従来の仏教よりも人気を博すようになり、結果、紀元後数世紀の間に従来の仏教に取って代わる主流の仏教になったとする見解が、特にひと昔前まではかなり一般的であったが、これは漢訳で現存する仏教文献の中には従来仏教（小乗仏教）に関するものよりも大乗仏教に関するものの方が圧倒的に多いという「中国レンズ」を通じての見解に他ならない。

同様に、阿弥陀仏の存在を説く大乗経典に根ざした阿弥陀仏信仰に関しても「中国レンズ」を通した見解が特に日本において優勢であることが知られている。日本の仏教学者は概して――おそらくは阿弥陀仏信仰に関わる者が少なくないがゆえに――その盛況ぶりを古代インドにまで求めがちなのであるが、この傾向を支える大きな根拠の一つは、やはり阿弥陀仏に言及する漢訳資料の多さである。漢訳仏典には、翻訳年代が比較的古いものから新しいものにいたるまで、阿弥陀仏そのものやその名が登場するものが数多く今に伝わっていることを大きな理由の一つとして、インドにおいても、古くから阿弥陀仏信仰は盛んであったという想定がなされるのである。むろん、これらの見解には一定の説得力はある。一方で、われわれは本国では見向きもされなかったものが、他国において高い評価を受けたり広く流行したりする事例を少なからず知っている。卑近な例を挙げれば、数十年前に、日本においてはある韓国のテレビドラマが大流行したことがある。当初そのドラマもそのドラマに出演していた俳優陣も韓国においては、さほど人気があったわけではないが、日本における熱狂ぶりを通じて広く知られるとともに再評価がなされ、結果、本国韓国においても高い人気を博すようになったと言われている。このように、ある同一の事物に関して、その発祥地における状況と、それが伝わった地における状況とが必ずしも一致しないことは珍しいことではない（ちなみに、こうした事象を説明する社会学ないし宗教学の用語として、アメリカには「ピザ効果（pizza effect）」なる用語が存在する。これは、イタリア料理の一つであるピザが、本場イタリアよりもアメリカに移り住んだイタリア移民を中心に、アメリカにおいて流行・発展し、その影響を受けてイタリアでもピザ料理が更に発達したということに因《ちな》んだ用語である）。このことを踏まえると、中国の文物の状況を、インドのそれを反映したものとするインド仏教研究の手法には、常に一定の危険性が伴っていると言えよう。実際、漢語文献のあり方に基づいてインドにおいても古くから阿弥陀仏信仰は盛んであったとする想定――ないし希望的観測――は、インドから出土している「仏像」の解読をも見誤らせがちであることが知られている。このことを説明するにあたって、先ずは本稿の中心トピックである「行像」にも大きく関わる「仏像」そのものについて簡単に解説しておこう。

「仏像」とは、厳密に言えば、読んで字のごとく「ブッダ（Skt. buddha）」の像、すなわち「覚りを得た者」の像であるが、日本においては、その狭義の意味で「仏像」という用語が用いられることは少ない。むしろ「仏」だけでなく、観音菩薩《かんのんぼさつ》や地蔵菩薩《じぞうぼさつ》といった「菩薩《ぼさつ》（Skt. bodhisattva）」、不動明王《ふどうみょうおう》や愛染明王《あいぜんみょうおう》といった「明王《みょうおう》（Skt. vidyā-rāja）」、四天王（持国天《じこくてん》・増長天《ぞうじょうてん》・広目天《こうもくてん》・毘沙門天《びしゃもんてん》）をはじめとする神々、善導《ぜんどう》（六一三～六八一）や法然《ほうねん》（一一三三～一二一二）といった高僧などのおよそ仏教に関わる聖なる存在すべての像を指す総称として用いられることの方が多い。だが、それらは性質や役割の異なる存在であり、少なくとも学術の世界においては厳密に区別されて然るべき存在である。そのため、どこかで「仏像」が発見された場合、それが何の像であり、何を表象しているのかが学術的には大きな問題となる。そしてその問題の解決を試みるのに用いられることが多いのが、像そのものを表象形式のパターンやモチーフなどから特定する図像学的アプローチか、あるいは像が据えられた台座などに記された碑銘を読みとくことで、その像を特定する文献学的アプローチの二者である。

インドにおいて、厳密な意味での仏像、すなわち、覚りを得たブッダの姿の図像が制作され始めたのは、紀元後一世紀頃と推定されている。歴史上のブッダの生没が紀元前五世紀頃とすると「仏像」の出現は、仏教史上かなり後代になってからのことと言える。では、インドにおいてそれ以前に仏教の開祖であるブッダは全く表象されなかったのかと言えば、そうではない。文献中心の仏教学ではなく、視覚資料（たとえば「仏像」や寺院遺跡など）を主たる研究対象とする美術史や考古学といった分

図４　エーラパトラ龍王の礼仏

野の研究業績を通じて、インドにおいて仏教は紀元前二〜一世紀頃には既に活発な造形活動を展開しており、意匠や装飾にも積極的に取り組んでいたこと、そして特に仏伝《ぶつでん》（ブッダの伝記）をモチーフとした作図においては、当初はブッダを具体的な人物として描くのではなく、間接的な方法で表象する様式が一般的であったことが明らかにされている。すなわち、法輪、足跡、聖樹などの特定のパターンのアイコンを主として用いることによって、それを仏教の開祖として暗示するやり方である。よく知られたものとしては、インド中部のバールフットという仏塔址（紀元前二〜一世紀）から出た仏塔の欄楯《らんじゅん》（仏塔の周囲を円形に囲む石垣）に施された「エーラパトラ竜王は世尊を礼拝する」という文字入りの浮彫が挙げられる（図４）。「世尊（Skt. bhagavat）」というのはブッダの尊称の一つであるが、そのように竜王がブッダを礼拝する姿であることが銘記されているにもかかわらず、その図では竜王が礼拝しているのは人物としてのブッダではなく、大きな樹木である（ちなみに、この図像によって描かれているエーラパトラ竜王がブッダのもとにやってきたエピソードは「根本説一切有部律」にも見られる）。こうした象徴的な表現がどのような思想あるいは何のテキストに基づくものであるのか（あるいは基づかないものなのか）は明確には分かっていない。そのようなブッダを直接的に表象することの禁忌を明言する文言は、現存する仏教文献には未だ見つかっていないからである。しかしながら、インドにおける初期の仏教美術の資料からは、仏伝を中心としたブッダの物語表現において、彼を人間の図像で表すことをあえて避けたことが、文字通り一目瞭然であると言える。

一方、時代が下って紀元後一世紀頃より、主にアイコンを用いた間接的な表現は、次第に直接的に人物としてブッダを表象した図像にとって代わられるようになる。それがいつどこで何をきっかけとして起こった変化であるのかは諸説あるものの確定はしていない（例えば、それは奇しくも「大乗」が発生したと考えられている時期と同時期であるため、かつてはその両者を関連づける言説も少なからず見受けられたが、昨今の学界においてはそうした短絡的な主張はほとんど聞かれない）。ただ本稿との関わりで一つ留意すべきは、その当初の象徴的な表象から一足飛びにブッダ像へと移行したわけではなさそうな点である。象徴的な表象からブッダ像への移行の間にもう一つ別の表象パターンを経た可能性が考えられるのである。それは、覚りを開いてブッダとなる前段階の姿、すなわち仏教の開祖が未だ「菩薩」であった頃の姿の図像である。「仏像」の制作をいち早く始めた場所としてよく知られているインド北部のマトゥラーという地からは、図像的には「ブッダ」の姿をとった像であるのにもかかわらず、そこに付された碑銘には「菩薩」と銘記されている例が散見されることが知られている。またマトゥラーと並んで「仏像」のいち早い制作地として名高い一般に「ガンダーラ」とよばれる北西インド一帯から出た「仏像」のうち初期のものの中にも、ブッダが未だ出家せず太子であった時の姿（菩薩の姿）の像が混じっていることが知られている。ひょっとすると、こうした菩薩像を用いた仏教の開祖の表象は、覚りを得た「超人的」なブッダの直接的な表象を飽《あ》くまで避けようとする伝統的な姿勢と、彼を何とかして具体的な「ヒト」の姿で描こうとする願望との折衷案の一つとして捉えられるかもしれない。事実、仏教の開祖をそのようにブッダ像ではなく「菩薩像」として表象することを明確に規定した一節が律の中には見られ、それは視覚資料と文献資料との一致を示唆しているように見受けられるのである。この規定については後に詳しく取り上げる。

　では、話を阿弥陀仏の「仏像」へと移そう。阿弥陀仏というのは、従来仏教の経典（初期経典）ではなく大乗経典に説かれる、仏教の開祖であるブッダとは別のブッダ、すなわち、この世界とは別の西方の彼方にある極楽という世界にいるブッダである。もしも古代インドにおいて阿弥陀仏信仰が盛んであったならば――日本の重要文化財の中に阿弥陀仏像が多いように――インドにおいても阿弥陀仏というブッダ像も、仏教の開祖であるブッダ像の制作が自由になされるようになった紀元後一世紀以降には、盛んに制作されたことが期待されるところである。ところが、現時点においてインドから出土した四世紀以前の「仏像」のうち、それが「阿弥陀仏」であることが一切の異論なく確定しているものは、僅かに一体しかないことが知られている。しかも、それは——足首以下と台座しか残っていないので——図像学的に確定しているのではなく、その台座に刻まれた刻文に「仏たる阿弥陀の像」（Skt. buddhasya amitābhasya pratimā）と銘記されているがゆえに確定しているものである。そのような状況下において、ガンダーラから出土している「仏像」のなかには、阿弥陀仏の表象として解することができる・できないと再三にわたって議論を呼ぶ像が幾つかある。その一つとしてよく知られているのが、フロリダ州立リンリン美術館に所蔵されている紀元後三、四世紀のガンダーラの三尊像（中央の尊格をはさむ形で左右に一体ずつ別の尊格を侍らせた像）である（図5）。阿弥陀仏は、大乗経典において勢至菩薩と観音菩薩という二菩薩を侍らせた存在として描かれているのだが、その三尊像も、阿弥陀仏・勢至菩薩・観音菩薩の三者に相当するという主張がなされているのである（もっとも、このリンリン美術館に所蔵されたものは、中央の尊格から見て右側の尊像が欠損した二像となっている）。ことの経緯を説明すると、先ずは一九八二年にジョン・ブラフ（John Brough）が写真により、その像の台座を解読し、それを阿弥陀仏と観音菩薩に言及した二世紀のものとしたが、今世紀に入って、現物を実見した碑銘の専門家であるリチャード・サロモン（Richard Salomon）とグレゴリー・ショペンが二〇〇二年の共著において、その読みを完全否定した別の読みを提示し、そこには阿弥陀と観音の尊名が見られないことを主張することで、議論に終止符が打たれたかに見えた。ところが、国際的に仏教学

図5　リンリン博物館三尊像

を牽引する日本人研究者の代表格であった辛嶋静志（一九五七～二〇一九）が、さらにまたリチャード・サロモンとグレゴリー・ショペンの読みを否定し、そこにはやはり「阿弥陀」「観音」の尊名が記されていると主張することで議論が再燃しているのである（辛嶋二〇一四・四六二、四六九、四七二～四七九頁：cf. 宮治二〇一六・一〇七～一一〇頁）。この像が阿弥陀仏の表象であっても、インドから出た阿弥陀仏像の古い作例の数が少ないことには変わりないが、これは現時点においての話であって、今後、インドにおける仏教遺跡の発掘がさらに進み、新たな視覚資料が発見されることによって、また新たな知見が生まれるかもしれない。

なお、こうしたガンダーラから出土した三尊像に関して、その中央の尊格が阿弥陀であるかどうかという論争に対して、図像学だけでなく文献解読にも通じ、また欧米の研究業績だけでなく、日本の研究業績にも丹念に注意を払うことで知られるソウル大学の李柱亨（Rhi Juhyung）は「……こうしたガンダーラ三尊像を、東アジアでよく見られる阿弥陀三尊像の原形とみなそうとする傾向は、特に日本の研究者の間では、樋口隆康《ひぐちたかやす》以来、盛んである（おそらく日本で盛んな、阿弥陀信仰の伝統を受けてのことであろう）」と看破している（Rhi 2003: 167）。李の指摘する通り、ガンダーラから出土した仏像を阿弥陀仏像とみなすことを是としがちな姿勢は、阿弥陀仏信仰の伝統が身近にある日本人研究者に特有の、「中国レンズ」ならぬ「日本レンズ」を通しての仏教理解と言えるのかもしれない。いずれにせよ、インド仏教研究においては、その実態を究明するのに間接的な手段を取らざるを得ないがゆえ、そのぶん余計に、様々な先入観や実際とは異なる想定に陥りやすいことに注意しなければならない。

本稿がとりあげる「行像」に関しても「中国レンズ」を通じた理解が一般化していると言える。詳しくは後述するが「行像」は中国において盛んに行われたため、研究に資する文献資料も漢語のものが多く、結果、インドにおける「行像」も、その漢語資料を通じて垣間見える中国ないし西域（中国の西方にある地域。おおむね「中央アジア」と重なる）における「行像」のあり方と同一のものとして捉えられることが多いのである。それでは、次節より「行像」について詳しく見ていくとしよう。

二　日本や中国における「行像」

「行像《ぎょうぞう》」とは、一言で言えば「仏像」を街中に「巡行」させる仏教行事のことであり、かつてはそれがアジア広域で盛んに行われたことが様々な漢語文献に確認されている。それらの漢語文献においては、必ずしも一貫して「行像」という熟語が用いられているわけではないが、本稿では便宜上、そうした行事を指す用語としてもっとも一般的な「行像」という語を用いる（他にも「行城《ぎょうじょう》」や「巡城《じゅんじょう》」や「繞城《にょうじょう》（遶城）」といった言葉が「行像」と同義のように用いられることが知られている：滋賀一九八一・一七頁：Chapman 2007: esp. 290）。日本で出版されている数多《あまた》の仏教用語辞典の中には「行像」という項目をたてているものが幾つかあるが、その中でも、インド思想と仏教学の世界的権威であった中村《なかむら》元《はじめ》（一九一二～一九九九）が編纂し、数多くの用語を一般読者向きに平易で明快な現代日本語で説明していることで定評のある『広説仏教語大辞典』（二〇〇一）における「ぎょうぞう【行像】」の項を引き、「行像」に関する一般的な理解を示すとしよう。そこには、その典拠を『法顕伝《ほっけんでん》』における于《う》闐《てん》国の記述（この記述についての詳細は後述する）としつつ、

飾りたてた山車《だし》に仏像をのせて市街をねり歩く行事。国王は出迎えて焼香礼拝し、皇后や宮女は楼門の上から近づく仏像の山車に花を散らして供養した。インド・西域・シナでは仏誕日の四月八日（旧暦）に行われるのが通例だったが、西域では秋分に行われた例もある。灌仏〔かんぶつ〕とともに仏生会〔ぶっしょうえ〕の行事とされる。

という解説が見られる。ここからは「行像」が、一般にブッダの誕生を祝ういわゆる「降誕会《ごうたんえ》」の一

環としてなされていたものと理解されていることが分かる。またそれ以外にもこの『広説仏教語大辞典』の解説において留意すべきは、「行像」が「インド・西域・シナ」において行われた行事であることが示唆されている一方で、それが日本で行われたかどうかについては言及されていない点である。確かに、我々は日本のどこかの仏教寺院において「行像」が古来より伝統的に行われているといった事例を聞いたことはない。類似のものであれば、寺院の落慶式《らっけいしき》などの慶賀の法要において華やかな和装をまとった幼童たちが僧侶に混じって行進をする「稚児《ちご》行列」や、阿弥陀仏と諸菩薩が西方極楽浄土よりこの世に来迎《らいごう》する様子を模倣して阿弥陀仏や菩薩の面を被った人物が寺院の境内を練り歩く「迎講《むかえこう》（来迎会／ねり供養）」などがよく知られているが、それらも仏像そのものが巡行するわけではない（なお筆者が直接見知っているわけではないので詳細は不明であるが、岡山県の瀬戸内市にある弘法寺《こうぼうじ》で開催されている迎講では、面を被って諸菩薩に扮した人物とともに、中身が中空になった木彫りの阿弥陀仏像の内部に実際に人が入り込んで歩む伝統が今なお続いているのだそうである：cf. 關二〇一三）。いささか古いものの、今なお『広説仏教語大辞典』と同様に信頼性の高い仏教語辞典の一つとして知られる『佛教大辭《じ》彙《い》』（一九一四）にも「行像」の項目がたてられているのだが、そこにも「我国においては行像の儀式ありしを聞かざるも神社の祭典に神輿〈みこし〉を担い行くこと行像の式に似たりと云うべし」と、日本において行像が一般的ではないことが言及されている。また日本における「行像」研究の嚆矢《こうし》の一つとして知られる小杉一雄の「行像：ベゼクリクの行像壁画？」という論考においても「……私がふしぎに思うのは、中国に行われたものでたとえその見本だけでもわが国に見出されないものは珍しいのに、この行像だけは飛鳥奈良を通じて絶えてその記録がないことである」（小杉一九五三・四四頁）と、仏教伝来当初より日本において「行像」が実施された形跡がないことが指摘されており、さらにまた近年の研究においても、これまでのところ「行像」が日本の仏教史全般において登場したことを示唆する充分な資料的根拠は見つかっていないことが指摘されている（菊池二〇一五・一〇二〜一〇四頁）。これらのことを考慮する限り、現時点では「行像」は、日本において全くなされなかったとまでは言えないまでも、広く長く定着することは歴史上なかったと捉えておくのが妥当のようである。

一方、中国においては、『広説仏教語大辞典』も示す通り、歴史的に見ても「行像」が実際に行われていたことを示す記録、特に四世紀頃から隋（五八一〜六一九）および唐（六一八〜九〇七）にいたる時代にかけては各都市において盛んに行われていたことを示唆する文献資料が比較的多く残っている（塚本一九七九・二六九〜二七五頁）。そうした文献資料の代表的なものの一つとしてよく知られているのが、楊衒之《ようげんし》（六世紀）という人物に帰される、ありし日の洛陽《らくよう》の仏教寺院の様子を回想した『洛陽《らくよう》伽藍記《がらんき》』（全五巻）である。特にその中の長秋寺《ちょうしゅうじ》、昭儀尼寺《しょうぎにじ》、景明寺《けいみょうじ》という三つの寺院についての記述（前者二つは巻第一、後者は巻第三）においては「行像」の比較的詳しい描写が見られることが知られている。中国古典文学者であり禅研究の大家としても名高い入矢義高《いりやよしたか》（一九一〇〜一九九八）の現代語訳によって、それぞれを以下に引用しよう。

長秋寺は、劉騰〔りゅうとう〕が建てたものである。……境内に三重の塔一基があり、その金盤と刹竿〔せっかん：仏寺の堂塔前に立ててある長い竿〕は、城内に輝きわたった。六つの牙の白象が釈迦を乗せて空中を飛んでいる像がしつらえてあった。荘厳《しょうごん》〔仏堂や仏像などを美しく飾ること、またはその飾り〕の仏具は、すべて黄金と家宝で作られ、この世ならぬ作りの精巧さは、つぶさに説明できることではない。四月四日の降誕会《こうたんえ》〔ふりがなママ〕には、この像をかつぎ出して都を練る習わしで、魔除《よ》けの獅子が先払いをつとめた。さらに、刀を呑んだり火を吐いたりなどする奇術が、そこらじゅうで縦横無尽に演ぜられ、竿登りや綱渡りなど、奇異の限りを尽くした変幻ぶりだった。彼らの奇抜な術と異様な服は、都第一の見物《みもの》であったから、像のお練りが止まった場所では黒山の見物人で、人を踏みつけたり跳び越したりで、いつも死人が出たほどであった。

（入矢一九九〇・三八～三九頁）

昭儀尼寺は、宦官〔かんがん〕たちが建てたものである。……この寺には本尊の仏像一体と、脇侍の菩薩像二体があり、その塑像〔そぞう〕の精妙さは、都に並びないものであった。毎年四月七日（降誕会）には、この三尊はお練りをして景明寺に着く。すると景明寺の三尊もこれを出迎える習わしであった。その時の芸能や音曲の賑々しさは、長秋寺のそれに匹敵した。

（同・四三～四四頁）

景明寺は宣武皇帝の建てたものである。……そのころ世間では仏事の営みが盛んで、四月七日には都じゅうの仏像がみなこの寺にお練りをしたが、尚書祠部曹〔しょうしょしぶそう〕に登録された仏像の数は全部で一千体余りもあった。八日になると、各仏像は順番に宣陽門〔せんようもん〕を入り、閶闔宮〔しょうこうぐう〕の前で、皇帝の散華《さんげ》を受けた。その時、金色《こんじき》の花は日に照り映え、宝玉をちりばめた天蓋は雲に浮かび、旗さしものは林のように立ち並び、香の煙は霧のように立ちこめ、讃仏の楽《がく》の音《ね》は天地をどよめかせた。さまざまな軽業《かるわざ》がめまぐるしく演ぜられ、どこも黒山の人だかりであった。高僧たちは錫杖〔しゃくじょう〕を手にして一団となり、信者たちは花を捧げて群がった。車と騎馬は道にあふれてひしめきあった。その頃、西域から来た胡僧がこのさまを見て、まさに仏国土であると讃えたものだった。（同・一三二〜一三三頁）

以上の三つの記述においては「行像」という言葉は見られないものの、鮮やかな装飾が施された仏像が街を練り行くこと、そしてそれが様々な奇術・曲芸を披露する一団や音楽の演奏を伴う賑やかな行事として市井の人々に広く受け入れられていたことが言及されている。また長秋寺と昭儀尼寺の記述には、それがブッダの生まれた日を祝う「降誕会」になされたことも明記されており、入矢は長秋寺の「この像をかつぎ出して都を練る習わし」という一節に対して脚注を付して「これを「行像」という。像車（像輿）という壮大な山車《だし》に釈迦降誕の像をしつらえて、都じゅうを練る。これを「巡

図6　Triptych : Northern Wei Painting

城」という。『法顕伝』や『南海寄帰伝』に見える西域での行像の記述は有名である」云々（同・六六頁）と解説している。

このように中国においてはブッダの誕生を祝う機会において「行像」が盛んに行われたようなのだが（図6）、それ自体は何も中国で始められたものではなさそうである。『広説仏教語大辞典』も入矢も指摘する通り、中国にインドから仏教が伝わる際に経由地としての役割を果たした西域の諸国において、さらには仏教の発祥地であるインドにおいても「行像」がなされていたことを示唆する文献資料が幾つか現存するからである。続いてそれらを見てみよう。

三　旅行記に見られる西域・インドにおける「行像」

西域やインドにおける「行像」の様子について記した比較的古い文献資料としては、漢字文化圏からインドに渡った僧侶の旅行記としてつとに有名な、法顕《ほっけん》（三三七～四二二頃）の『法顕伝』（全一巻。『仏国記《ぶっこくき》』という名称でも知られる）と玄奘《げんじょう》

（六〇〇または六〇二～六六四）の『大唐西域記《だいとうさいいきき》』（全十二巻）がよく知られている。先ほど見た通り、入矢（一九九〇・六六頁）は、法顕や玄奘と同様に中国からインドに渡り、しかも「根本説一切有部律」を持ち帰って翻訳した義浄《ぎじょう》も、自身の旅行記である『南海寄帰内法伝《なんかいききないほうでん》』において「西域」における「行像」のことを記していると述べているが、管見の限り『南海寄帰内法伝』には、そのような記述は見られない。この点は後述するとして、先ずは「行像」という言葉が実際に使われている『大唐西域記』の中の記述を見てみよう。それは西域都市の一つである屈支《クチャ》国（タリム盆地の北辺に位置したオアシス都市）についての記述（巻第一）である。同著に対するもっとも信頼性の高い翻訳を手がけたことで知られる水谷真成《みずたにしんじょう》（一九一七～一九九五）は、その記述の中の「行像」について触れた一節を次のように現代語訳している。

大城の西門の外の路の左右には、おのおの立仏の像の高さ九十余尺のものがある。この像の前に五年一大会の会場を建てる。年まわり毎に秋分の数十日間は国中の僧徒はみなここへ集まってくる。上は君王より下は兵士・庶民に至るまで、俗務をとりやめ斎戒をまもり、経を受け説法を聴き、日を尽くしてなお疲れを忘れるほどである。多くの僧伽藍〔そうがらん：寺院のこと。Skt. saṁghārāma の音写語〕の荘厳〔しょうごん〕された仏像は珍宝で光り輝かし錦綺《あやにしき》で飾り、これを輦輿《こし》にのせてひく。これを「行像」といい、どうかすると千をもって数えるほども会場に雲のごとく集まる。

（水谷一九九九［第一巻］・四五～四六頁）

続いて水谷は、ここに見られる「行像」という言葉に対して、脚注において以下のような説明を加えている。

行像　仏像を安置する輦輿《こし》や山車《だし》を引いて多くの人の目に見せて、人々の罪悪を除く功徳を与える行事である。「行像」は、生前の仏陀が歩む姿を目にすることができる人々は、過去千劫《ごう》の極重の悪業の罪をも除くことができるという考えを敷衍《ふえん》した『観仏三昧《さんまい》海経』巻六によるものであろう。通常仏誕の日に行なわれる。中国北魏時代におけるこの行事の盛況は『洛陽《らくよう》伽藍《がらん》記《き》』中に詳しい。『法顕《ほっけん》伝』にはインドの行事として中インド摩竭国〔マガダ国〕巴連弗城〔パータリプトラ〕の行事、西域のものとして于闐国〔うてん国〕の盛儀を詳述する。

（同・四六頁）

入矢の『洛陽伽藍記』の脚注と同様に、この水谷の『大唐西域記』の脚注においても『法顕伝』に「行像」の記述が見られることが指摘されているが、『法顕伝』には確かに「行像」という言葉とともに以下のような記述が見られる。

……法顕たちは行像が観たいので、三ヶ月間とどまった。その国においては、十四の大きな寺院がある。小さい寺院は数えていない。四月一日から街の中では、道路は清掃され、ちまたは装飾される。街門の上では、大きな帳幕が張られる。いろいろな事物が厳粛に飾られ、国王と夫人と官女たちは、みなその［街門の］中にとどまる。瞿摩帝《くまてい》（Skt. *gomatī）［という大寺院］の僧侶たちは大乗を学んでおり、王によって尊敬されている。［そこでは他の十三の大寺院に］先駆けて行像がなされる。街から三、四里離れたところにおいて、四輪の像が乗る車を作る。高さは三丈あまりであって可動式の宮殿のようであり、七宝《しちほう》が飾りたてられて、絹の幢幡《どうばん》と天蓋《てんがい》が懸けてある。像の立っている車の中には、二菩薩が侍っており、諸天が侍従となっている。それら（＝菩薩や諸天）はみな金銀や玉細工によって、虚空に懸かっている［ように見えるよう作られている］。像が街門の［手前］百歩まで来ると、王は王冠を脱ぎ、新たな衣に着替えて、履物を履かないで歩いて、花とお香を持って左右に［家臣たちを］従えて街を出て像を迎えて、［像に］頭面礼足して、散花し焼香する。像が街に入る時は、門楼の上にいる夫人と女官が、離れたところから様々な花を散じ、［それらは］はらはらと舞い落ちる。そうした装飾具は、車ごとに異なっている。［こうして］一寺院が一日ずつ行像をなすのである。白月一日から始まり十四日に至って、やっと行像が終わる。行像が終わると、王と夫人はようやく王宮に還《かえ》る。

（大正新脩大蔵経第五一巻八五七頁中段：cf. 章巽一九八五・一四～一八：長澤一九九六・一四～一七頁）

以上は、西域の王国の一つである「于闐《うてん》国（コータン、ホータン）」における「行像」の記述である。先に見た『広説仏教語大辞典』もこの記述を典拠としていることは既に述べた通りである。『法顕伝』は、現存最古の西域旅行記として古くより研究者の高い関心を集めてきたテキストであり、近代仏教学の成立以降も、洋の東西において盛んに研究されている。全文の翻訳もこれまでに少なくとも英訳が五つ、フランス語訳が二つ出版されており、現代日本語訳も長澤和俊《ながさわかずとし》によって異なる媒体で二度出版されている。その二度目の現代語訳（一度目の翻訳の改訂版の意味もあるようである）において長澤は、ここに見られる「行像」という言葉に対して「仏像を美しい宝車にのせて城内をねり歩く儀式で、灌仏とともに仏誕生の行事である。仏誕の四月八日に行われる例が多いが、于闐では四月一日から四月十四日にかけて行われた」云々（長澤一九九六・一七頁・脚注三）という説明を付し、やはり「行像」がブッダの誕生を祝う行事であるという解説をしている。

また同旅行記は、インドのマガダ国の首都パータリプトラで行われた「行像」の様子も伝えている。それは以下の通りである。

およそ中天竺の諸地域では、この国の都城（マガダ国のパータリプトラ）だけが大きい。人民は富み栄え、きそって仁義を実践している。毎年いつも建卯の月（二月）の八日に行像をする。四輪の台車を作り［それは］竹を縛って五層にしてあり、斗組《ますぐみ》も支柱も付けて、高さは二丈余りで、形状は［仏］塔のようである。白い綿布でその上を覆ってから、［そこに］彩画を加えて諸天の形像をかく。金、銀、瑠璃《るり》でその上を荘厳し、絹の幢幡《どうばん》と天蓋《てんがい》をかけ、四辺に龕《がん》を作る。［龕には］どれも坐仏が安置されており、菩薩が立侍している。［このような四輪車が］二十車ほどあり、車々の装飾は各々異なっている。この［行像の］当日になると、この国の出家者や俗人はみな集まり、歌舞が行われ、花とお香によって供養がなされる。［かの］バラモンの息子がやって来て、仏を招請すると、仏［を載せた台車］は順に街に入り、入ってから街の中で二泊する。一晩中燈を燃やし、歌舞によって供養する。［行像のやり方に関しては］どこの国も［これと］同じである。

（大正新脩大蔵経第五一巻八六二頁中段：cf. 章巽一九八五・一〇三～一〇八：
長澤一九九六・八一～八三頁）

これらの『大唐西域記』や『法顕伝』の記述からは、玄奘や法顕が旅した時代においては、西域諸国やインドにおいても「行像」が盛大に行われていたこと、またそれは台車に乗せられた「像」が街を「行《めぐ》」りゆく、明るく華やかな祝祭のような行事であったことが窺い知られる。

一方で、これらの記述からだけでは充分に分からないことも多い。例えば、水谷も「通常仏誕の日に行なわれる」と慎重な表現を用いているように、西域やインドにおける「行像」も、中国におけるそれと同様に仏誕を祝うためのものとして行われていたかどうかは、ここで取り上げた二つの旅行記の記述からだけでは明確には分からない。また、そもそも漢語の「仏像」という言葉は、それが仏教に関わる聖なる存在の像全般を指すのか、あるいは、仏教の開祖である「ブッダ」の像だけを指す狭義の意味で用いられているのかが定かではないことは先述した通りである。そのため、ここでとりあげた二つの旅行記に見られる街をめぐりゆく像も、何の像であるのか明確ではない。さらには、その「行像」の実際の担い手が誰であったのか、すなわち誰が像を牽引していたのかという点も明確には説かれていない。要は、中国に仏教が伝わる際に中継地となった西域諸国や、仏教の発祥地である――ゆえにその行事自体の発祥地と考えられる――インドにおける「行像」の由緒は何であり、そこで用いられる像が何の像であり、またそれを主導したのは誰であるのかという根本的な問いに対して、二つの旅行記の記述から確証をもって答えられることは存外少ないのである。一方で、それらの点に関して「根本説一切有部律」は、他テキストよりも雄弁であり、結果、そこから少なくともインドにおける「行像」に関しては、我々は比較的多くの情報を得ることができる。次節においてそれらを具体的に見ていくことにしよう。

第三節　「根本説一切有部律」に説かれる「行像」

一　『ニダーナ』と『ムクタカ』というテキスト

インドの仏教教団によっても「行像」が行われていたことを示唆する文献資料としては、先に見た『法顕伝』の一節と、長澤も指摘する『観仏三昧海経《かんぶつさんまいかいきょう》』という大乗経典が挙げられることが今なお一般的であり（ちなみに『観仏三昧海経』は、仏陀跋陀羅《ぶつだばだら》という人物によって漢訳されたと伝えられているが、インド語原典もチベット語訳も、さらには別の漢訳者による異訳も現存せず、本当にインドで成立したかどうかも疑わしさが残る経典の一つである）、それら以外の資料の存在は――少なくとも日本の学界においては――あまり知られていないようである。ところが「根本説一切有部律」に目を向けてみると、そこには「行像」に関する具体的な規定が盛り込まれている。より具体的に言えば、本稿の冒頭に述べた通り「根本説一切有部律」を構成する諸テキストの中でも、特に『ニダーナ』と『ムクタカ』という二つのテキストに集中的に見られる。この両テキストに関しては、残念ながらまとまった量のインド語での現存は確認されていない。しかしながらチベット語訳と義浄訳で全文が伝わっている。にもかかわらず、これら両テキストの内容が――特に日本の――学界において充分に知られていないのは、前章で述べた「根本説一切有部律」そのものに関する研究の遅れに加えて、特にこの二つのテキストが長らく等閑に付されていたことによる。このあたりの背景を少しだけ説明しておこう。

さきほど第二節において、律はまとまった形で六つが現存すること、そして、その六つは、大まかな構造と内容が似通っていることが、特に平川をはじめとする複数の日本人研究者によって指摘されていることも既に述べたが、それらの研究成果によると、六つの律典は、概して（一）出家修行者個人への禁止規則、（二）出家者集団で執行される行事や儀礼のマニュアル、そして（三）（一）でも（二）でもないもの、という三つの部分から成ると捉えられる（先に挙げた「男女の仲をとりもってはならない」という規定は、この（一）に分類されるものである）。このうち、六つの律典に共通することが明瞭な（一）と（二）の部分については、対照が容易であるため研究も進んでいる。一方で（三）に関しては、未だ六つの律典における対照研究も充分にはなされておらず、明確な根拠もないまま、各律が独自に付加した、（一）と（二）に関する補足的な部分と見なされることも多く、律研究のなかでも取り残されている状況が続いている。そして本稿が中心資料とする『ニダーナ』と『ムクタカ』は、まさしくこの（三）に分類されるテキストであり、そうした名称のテキストが他の律の中には見出し難いこともあって、結果、両者とも長らく充分な根拠もなく後代に付された注釈部分や解説部分の類とみなされていた。ところが、ここ十年ほどの間に両テキストに関する研究は急速に進展し、両者とも義浄訳とチベット語訳で現存し、その両訳が構造上も内容上も明確に対応することが明らかになり、さらには、『ニダーナ』も『ムクタカ』も、①インドにおける「根本説一切有部律」伝承のなかでは歴《れっき》とした律本体の一部として扱われてきたこと、②仏教説話集や初期経典に見られる教説を伴った物語の幾つかをそっくりそのまま含んでいること、③仏塔《ぶっとう》や仏像といった仏教美術に関わる事項についての規定を集中的に含んでいること等、その両テキストの重要性を支持する事実が次々と明らかになっている。一方で、未だ不明な点も残されている。例えば、その二つのテキストが、他の「根本説一切有部律」を構成する諸テキストとどのような関係にあるのかははっきりと分かっていない。また両テキストは、義浄訳においては、『根本説一切有部尼陀那目得迦《ニダーナムクタカ》』という一つの律典として伝わっている（全十巻のうち前半の一～五巻が『尼陀那《ニダーナ》』で、後半の六～十巻が『目得迦《ムクタカ》』）のだが、なぜ義浄訳においてのみ、そのように一つに合わさった形で伝わっているのか定かではない。さらに言えば、その二つのテキスト名に関しても、その意味するところや由来について未だ確定的なことは知られていない。「ニダーナ（Skt. nidāna）」というのは、仏教文献に比較的よく見られる言葉であり、仏教用語としては、多くは「原因」「理由」「動機」といった意味で用いられ、「根本説一切有部律」に限って言えば、因縁譚の冒頭において、場所や地域名と並列されて、そこで語られる出来事がどこで起こったかを意味する言葉として用いられることが多い（次項より「根本説一切有部律」の一節を数多く引用するが、そこで「事の起こり」と訳されているのが、まさしくこの「ニダーナ」という言葉である）。だが、なぜその語が、ある特定のテキストのテキスト名になっているのかは定かではない。また「ムクタカ（Skt. muktaka）」という語に関しては、動詞語根√muc「放つ、離す、解放する」の派生語であることは容易に想像がつくものの、インドの古典文献全般においてもあまり一般的な語ではなく、仏教文献に限るとなお用例は少なく、「根本説一切有部律」に至っては、ほとんど見られることがない。従って、その『ムクタカ』というテキスト名が何を意味するかは、その語だけからは全く定かではなく、またテキスト全体の内容を踏まえても、やはりはっきりしたことは分からないのが現状である。

ともあれ、以下に、その謎めいたタイトルを持つ二つのテキストに見られる「行像」にまつわる一連の規定を、義浄訳の並びに従って『ニダーナ』そして『ムクタカ』の順に確認していくことにしよう。主としてそれぞれに含まれている重要な規定を、チベット語訳と義浄訳の両者から引用する。チベット語訳と義浄訳のいずれか一方だけではなく、敢えて両者を重ねて引用するのは、一つには、そうすることで、その両者の異同を明らかにすることができ、結果、チベット語訳「根本説一切有部律」と義浄訳「根本説一切有部律」との対照研究という未だ充分にはなされていない重要な研究課題に資する知見を提供することができると考えられるからである。またいま一つには、漢訳とチベット語訳のどちらか一方だけでは、その意味するところが必ずしも明瞭ではなくても、他を参照することで明らかになる場合があるというインド仏教研究全般に通じる漢訳とチベット語訳テキストの活用方法の具体例を示すことができると考えられるからである。なお引用の際には、もとのインド語が推定しやすいチベット語訳の方から先に引くことにする。チベット語訳には白丸で番号を振っており（①②③等）対応する義浄訳には同番号を黒丸で振っている（❶❷❸等）。

二　『ニダーナ』に見られる「行像」に関する規定

『ニダーナ』における「行像」に関する規定は、いわゆる「仏像」の制作の認可という美術史や考古学の観点からも極めて興味深い一節から始まる。

①事の起こり（Skt. nidāna）はシュラーヴァスティーにおいてである。家長アナータピンダダは「ブッダに」「もし世尊がお認めになるなら、私は世尊たる菩薩の像を作ります」と申し上げたところ、世尊は「家長よ、認めるので作れ」と御言葉をお与えになった。

（Kishino 2013: §5.1; cf. Schopen 2005b: 131）

ここで先ず目を引くのは、ブッダは厳密に言うと「仏像（ブッダ像）」を作ることを認めているのではなく、飽くまで「菩薩像」を認めているという点である。つまり、覚りを得て「ブッダ（Skt. buddha）」となった姿ではなく、覚りを得る前の修行段階である「菩薩（Skt. bodhisattva）」の姿の模造を認めているのである。インドにおける初期の仏教美術においては、ブッダの直接的表象を避けるかのように、彼を法輪や足跡などによって象徴的に表現する意匠が一般的であったこと、そしてその後、具体的な人物の姿で表象されるようになったものの、その初期のものの中には「ブッダ像」ではなく「菩薩像」が散見されることは、既に述べた通りであるが、今引用した「根本説一切有部律」に見られる一節は、その「菩薩像」での表象という視覚資料が提示する事実と軌を一にするものであると言える。そのため美術史においても注目に値する一節なのである。なお、この一節に相当する規定は、同じく説一切有部（サルヴァースティヴァーダ）という部派が伝持したと伝えられる『十誦律《じゅうじゅりつ》』にも見られ、そちらの方は、日本の仏像研究の古典的名著として名高い高田修《たかたおさむ》の『仏像の起源』（一九六七）において言及されていることもあり、日本の学界においても比較的よく知られている。それは次のような一節である。

その時、給孤独《ぎっこどく》（アナータピンダダ［Skt. Anāthapiṇḍada］という人名の意訳）長者は、信仰心が清らかで、ブッダがいる所に行って、頂礼して一面に座し終わってからブッダに「世尊よ、仏身の像のようなものは作るべきではないのであれば、願わくば、私が菩薩の侍像を作ることはお認めいただけると善いのですが」と言った。するとブッダは「認めるので作れ」と言った。

（大正新脩大蔵経第二三巻三五二頁上段）

以上の『十誦律』の一節に対して、高田の解説は次の通りである。

『十誦律』巻四八は、給孤独長者が仏のところに到って、「仏身像の如きは応に作るべからず、

> 願はくば、仏の我れに菩薩侍像を作ることを聴したまはば善からん」と願い、聴許されたことを記している。……当然最後身〔さいごしん：もはや生死輪廻を繰り返さない者〕で成道〔じょうどう：覚りを得ること〕以前の、菩薩としての釋尊その人の像を意味したとしなければなるまい。すなわち右の文は、すでに礼拝像たる菩薩乃至仏陀の像が製作されていた事実を前提とするものであり、その製作の正当性を主張するのに、釈尊の承認という権威に結びつけたものに外ならないと思われる。
>
> （高田一九六七・二二二頁）

このように高田は、インドにおいて実際に「仏像」が制作されていた状況を反映する文献資料として、この『十誦律』の一節を重視している。ところが、先に挙げた『ニダーナ』の一節は、これから挙げる義浄訳の方も含めて一切言及していない。実を言えば「根本説一切有部律」には、この『ニダーナ』の一節をはじめとして「仏像」――それは、ほぼ一貫して「ブッダ像」ではなく、この「菩薩像」なのだが――についての言及が散見される。だが、このこと自体、日本の仏教学者や仏教美術の専門家の間においても、未だ充分には認知されていない（むろん『仏像の起源』においても全く言及されていない）。このことも日本の近代仏教学の歴史における長年の「根本説一切有部律」への関心の低さを物語っていると言えるかもしれない。

話を「根本説一切有部律」に戻そう。先に挙げた『ニダーナ』のチベット語訳テキスト（①）には、家長アナータピンダダ（給孤独長者）が「仏像」を作ろうと思い立った背景は全く叙述されていない。一方、当該の義浄訳テキストには、その点が次のように述べられている。

> ❶事の起こった場所は前と同様である。ブッダである世尊が、自ら出家修行者たちの集団の上首である上座《じょうざ》（教団の中で指導的地位にある先輩比丘）として居たならば、威厳や厳粛さがあって、出家修行者たちはみな厳格に整然としていたが、世尊が不在では、そのようなことはなかった。その時、アナータピンダダ長者は、ブッダのところにやって来て、［ブッダの］足元に礼拝してから後退して一面に座って、ブッダに「私は今よりジャンブ樹の木陰に坐している像（菩薩像）を作りたいと思います。どうか［このことを］お許しください」と申し上げた。ブッダは「作りなさい」と言った。
> （大正新脩大蔵経第二四巻四三四頁中段：cf. Kishino 2013: §5.1）

このように義浄訳では、ブッダがいないと出家修行者たちの集団には威厳がなく整然としていないことを理由に、家長アナータピンダダがブッダにジャンブ樹の木陰に坐している像（菩薩像）の作成を申し出たことが説かれている。この「ジャンブ樹の木陰に坐している像（原文では「贍部影像《せんぶようぞう》」）」が、菩薩像と同義であることは、先に見たチベット語訳の当該箇所が「菩薩像」（原文では「byang chub sems pa'i sku gzugs」）となっていることからも明らかであるのだが、後ほどもう少し詳しく説明する（なお

「贍部《せんぶ》」というのはSkt. jambu［樹木名。一般にインド広域に自生するフトモモ科あるいはテンニン科の緑葉樹とされる］の音写の一つである）。またここで引用した家長アナータピンダダとブッダのやりとりとほぼ同文・同内容のものが「根本説一切有部律」中の『ヴィナヤ・ヴィバンガ（Skt. Vinaya-vibhaṅga）』というテキストにおいても確認される。チベット語訳と義浄訳の順に提示すると次の通りである。

家長アナータピンダダは、世尊のいる所に行って着いてから、世尊の両足に頂礼して一隅に座った。一隅に座ってから世尊に家長アナータピンダダは「世尊が上座の側にいらっしゃった時には、上座は厳《おごそ》かであったものの、世尊が上座の側にいらっしゃらない時には、上座は厳かでなくなりましたので、もし世尊がお認めになられるならば、私はジャンブ樹の木陰に坐している像（shing'dzam bu'i grib ma na bzhugs pa'i sku'i gzugs）を作らせようと思います」と申し上げた。すると世尊は「認めるので作らせよ」と仰った。

（デルゲ版3　Ja 15b1; cf. Schopen 2005b: 128）

その時家長アナータピンダダは、ブッダのいる所に詣でて［世尊の］両足に礼拝し終えてから一面に座していた。そしてブッダに「世尊よ、ブッダである世尊が、出家修行者たちの集団の上首として座しておられた時、集団は威厳や厳粛さがありましたが、座しておられない時は、集団には［そのような］威徳はありませんでした。もしもブッダである世尊が許されるのであれば、ジャンブ樹の木陰に坐している像（贍部影像）を造って集団の上首として据え置きたいと思います」と申し上げた。［すると］世尊は「思うがままに作って、集団の上首として据え置きなさい」と言った。

（大正新脩大蔵経第二三巻七八二頁中段）

この『ヴィナヤ・ヴィバンガ』においては、チベット語訳でも菩薩像（厳密に言えば、ジャンブ樹の木陰に坐している像）があった方が出家者集団は締まって見える（あるいは実際に締まる）からと、その像が必要な理由が説かれている。また義浄訳においては、家長アナータピンダダは、菩薩像を制作する許可を求めるだけでなく、実際にその菩薩像を出家修行者たちの中に据え置くこと、すなわち、菩薩像をブッダの代替として用いることも求めており、ブッダもそれを認めている。これらの点を踏まえると「根本説一切有部律」は、仏教美術史上、重要な意味を持つ菩薩像の誕生を、祖師への憧憬や崇拝対象の希求といった宗教心に基づくものではなく、出家者集団の見栄えやそのあり方といった実用的な理由に依るものとしていることを伝えており、またその像は出家者集団たちによってブッダその人の代替として用いられていたことを伝えていると言える。

ちなみに、この『ヴィナヤ・ヴィバンガ』にはヴィニータ・デーヴァというインド人学僧（この人物に関する詳細は不明）に帰される注釈書がチベット語訳（翻訳年代は九世紀）でのみ現存しており、そこには「ジャンブ樹の木陰に坐している像（shing'dzam bu'i grib ma na bzhugs pa'i sku'i gzugs）」について、

図7　樹下思惟

それが何の像であるのか次のような説明が加えられている。

　「ジャンブ樹の木陰に坐している像」とは、青春真っ盛りの時にジャンブ樹の木陰に坐している菩薩の像であり、ヒゲが生えておらず出家していない様式である。

（デルゲ版　4114, 137a: cf. Schopen 2005b: 129）

　この注釈の一節からも「ジャンブ樹の木陰に坐している像」ないし「贍部影像」が「菩薩像」と同じものを指していることが窺い知られる。シャカムニが未だ菩薩であった頃の具体的な図像が、ジャンブ樹の木陰に坐している姿であったのであろう。これは日本の学界において一般に「樹下思惟《じゅかしゆい》」ないし「樹下観耕《じゅかかんこう》」と呼ばれる図像に分類されるものであると思われる（図7）。

　続いて『ニダーナ』では、家長アナータピンダダは、認可された菩薩像の見栄えをさらによくするために、それを幡《はた》や台座等で飾ることの許可を連続して申し出て、ブッダはその都度快諾する。そしてテキストはそこで一旦終わり、「ウッダーナ（要略偈）」と呼ばれる、それ以降の内容の核となる単語の列挙から成り、結果的に目次のような役割を果たす偈文《げもん》が挿入され、章を改めた形で次の話が始まる（なお先に見た菩薩像の制作にまつわる規定の前に挿入されているウッダーナにおいては、義浄訳を見ると「贍部影像」を指す言葉として「菩薩像」という語が用いられている。ここからも「贍部影像」が「菩薩像」と同じものを指していることが分かる）。だが、その新たに始まる話も内容的には先のものと類似している。すなわち、家長アナータピンダダがブッダに対して菩薩像に対する更に凝った装飾の認可を連続して求め、ブッダはその一つ一つを了承するというパターンで菩薩像の装飾に関する規定が次々に制定されるのである。そしてその中にこそ我々が「行像」と呼びうる行事のことも言及されている。先ずはその言及がかなり明白なチベット語訳の方から見ることにしよう。

②ブッダである世尊は、シュラーヴァスティーのジェータ林のアナータピンダダ園にいらっしゃった。家長アナータピンダダは「もし世尊がお認めになられるなら、私は菩薩像が街を周回するようにします」と申し上げたところ、世尊は「家長よ、認めるので周回せよ」と仰った。

(Kishino 2013: §5.2.1; cf. Schopen 2005b: 131–132)

さらに家長アナータピンダダは「装身具がなく、見栄えが良くない」ことを理由に菩薩像に装身具を献じる許可をブッダに請い求め、ブッダから許しを得る（ただしどういうわけか足首飾りと耳飾りに関しては許されない）。さらには「香の輪」によって菩薩像を飾る許しも得る。そして今度は像の運び方に関して次のような許可を連続して請い求めるに至る。

③菩薩像は、足が地についた状態で街に運ばれたので、家長アナータピンダダは「もし世尊がお認めになられるなら、私は菩薩を駕籠《かご》（Skt. *śivikā）に載せて街に運ばせます」と申し上げた。すると世尊は「家長よ、認めるので［駕籠に載せて］運べ」と仰った。

駕籠で運んでも、見栄えがよくなかったので、家長アナータピンダダは「もし世尊がお認めになられるなら、私は菩薩像を車（Skt. *ratha）で周回させます」と申し上げた。すると世尊は「家長よ、認めるのでそのようにせよ」と仰った。

車には旗も傘もついていないので、見栄えがよくなかった。そこで家長アナータピンダダは「もし世尊がお認めになられるなら、私は車の上部に旗、傘、幢などで飾りつけをします」と申し上げた。すると世尊は「家長よ、認めるので飾りつけをせよ」と仰った。

（Kishino 2013: §5.2.1; cf. Schopen 2005b: 132）

この後アナータピンダダは、やはりそうでなければ見栄えがよくないからという理由で、菩薩像の耳の上部を花で飾ることをブッダに請い求め、ブッダはそれを了承する。そしてテキストは一旦終わり「ウッダーナ」が挿入される。

ここで引用した『ニダーナ』に見られる諸規定からは、インドの出家修行者たちが華やかに飾られた仏教の開祖であるシャカが未だ菩薩であった頃の姿の像を、やはり華やかに飾られた車に乗せて街のなかを周回させていたことが窺い知られる。これはまさしく我々が「行像」と呼ぶ行事に他ならない。なお義浄訳の当該テキストは、以下に見る通りチベット語訳と少し異なっており、「街を周回する」というような像を巡らせることを直接示唆する認可は見られない。

❷事の起こった場所は前と同様である。アナータピンダダ長者は、ブッダに「[世尊がまだ]菩薩であった時に、どうして盛大な供養《くよう》をなすことがなかったことがありましょうか？」と申し上げたところブッダは「その通りである」と言った。[そこでアナータピンダダ長者は]「私は、今よりジャンブ樹の木陰に坐している像のために思うがままに供養したいと思います」と申し上げたところ、ブッダは「しなさい」と言った。

（大正新脩大蔵経第二四巻四三四頁中～下段 cf. Kishino 2013: §5.2.1）

このように義浄訳は、チベット語訳と異なり、シンプルに「供養」と書かれているだけで「行像」について明確には述べられていない。また、この認可にひき続いて、チベット語訳同様に、菩薩像に装身具を献じる許可を求めるやりとりが見られ（ただしアナータピンダダが装身具の許可を申し出た理由は、ブッダは未だ菩薩であった時は装身具を身につけていたからというチベット語訳とは異なったものになっている）、さらには、その菩薩像の乗り物に関するやりとりも見られるのであるが、その乗り物に関する認可においても、それが「行像」のためのものであるかどうかは明確には説かれていない。それは次の通りである。

❸［アナータピンダダ長者は、ブッダに］「ブッダが［まだ］菩薩であった時、輿《こし》に乗って出入りするか、お車に乗っていたので、私は、今より［菩薩像が乗る］輦《れん》輿《よ》（義浄訳のママ。貴人を乗せて人力で移動するための乗用具。Skt. ratha の訳語か？）を作りたいと思います」と申し上げたところ［ブッダは］「作りなさい」と答えた。

また［アナータピンダダ長者は、ブッダに］「［ブッダがまだ］菩薩であった時には、［移動の際には］常に傘蓋《さんがい》が持たれ、幢旗《ばんき》が付き従っておりました。私は、今よりジャンブ樹の木陰に坐している像のために、傘蓋を作り、また様々な幢旗を作ります」と申し上げたところブッダは「作りなさい」と答えた。

（大正新脩大蔵経第二四巻四三四頁下段 cf. Kishino 2013: §5.2.1）

このように義浄訳では菩薩像のための輦輿《れんよ》が認可されていることは明白であるのだが、それが街を巡回するためのものであるのかは必ずしも明らかではない。そのため、先に見た「供養」の規定❷と同様に、この❸の規定をどう捉えるかが問題になるのであるが、結論から言えば、やはりこれらは「行像」のことも想定した規定と捉えるのが妥当であると考えられる。その理由は幾つかあるが、ここでは義浄訳に見られる「供養」という語が「行像」に関わる一つのキーワードであるということ（詳しくは後述）、また先に見た通り対応するチベット語訳では「行像」のことが明確に説かれており、内容的にも類似する箇所が見られるということ、さらには、ここで見た規定と密接に関わる規定が『ムクタカ』にも見られ、そこでは明らかに「行像」のことが言及されている（こちらも詳しくは後述）ということの三つを理由として挙げるにとどめておく。

続いて『ニダーナ』は、チベット語訳と義浄訳ともにウッダーナの挿入によって内容を改める形をとり、チベット語訳では、アナータピンダダが菩薩像に対して供物（Skt. *argha）を献上する認可をブッダに求めるエピソードが始まる。当然ブッダはそれを承認する。すると菩薩像に出家修行者と在家信者の双方から数多くの供物が集まり、それを誰が運ぶべきなのかが問題となったため、ブッダはそれを解決するための規定を制定する。そして次に、菩薩像の車の上に置かれた寄進物が落下して、それを持ち去る者がいたので、アナータピンダダが、車の上に容器を設置する認可をブッダに求めたところ、ブッダはそれを容認する。以上は次の通りである。

④ブッダである世尊は、シュラーヴァスティーのジェータ林のアナータピンダダ園にいらっしゃった。家長アナータピンダダは「もし世尊がお認めになられるなら、私は菩薩像に供物（Skt. *argha）を献上しようと思います」と申し上げたところ、世尊は「家長よ、認めるので献上せよ」と仰った。

その祭典（Skt. *maha）の時に、見物のために数多く集まってきた各地に住む比丘・比丘尼・男性の在家信者・女性の在家信者たちやその他の者が、そこで多くの供物を献上したので、その利得を誰が運ぶのか比丘たちは分からなかった。すると世尊は「比丘が運ぶべきである」と言った。そこで上座《じょうざ》の比丘たちで運んだものの、彼らは［上座である自分たちが運ぶことを］不快に思った。すると世尊は「師匠の監督下にある新米比丘か、別の若い比丘か年をとった比丘が運ぶべきである。上座の者たちは見守っておきなさい」と言った。

献上された供物・花・衣などが、車の屋根に置かれた。すると幾つかが落下し、コソドロが、ほしいままに運び去ってしまった。そこで、家長アナータピンダダは「もし世尊がお認めになるなら、私は車の上に連なった容器を作ります」と申し上げたところ、世尊は「家長よ、認めるのので作りなさい」と仰った。

（Kishino 2013: §5.3.1–.3; cf. Schopen 2005b: 133）

このエピソードは、これまでの文脈を踏まえる限り、「行像」の際にたくさんの寄進物が寄せられたこと、またその寄進物を確実に収集するための工夫が菩薩像の乗った車に施されていたことを伝えているように思われる。一方、義浄訳の当該箇所は、チベット語訳とは違って、集まった寄進物を誰が運ぶのかという問題とその解決のための規定を欠いた短いテキストになっている。それは以下の通りである。

❹その時、アナータピンダダ長者は、世尊に「ブッダは［まだ］菩薩であった時、一切の大衆たちは、吉祥なことによってブッダを謹み敬い供養をいたしました。もし聞き入れてもらえるならば、私はジャンブ樹の木陰に坐している像の面前において吉祥なことをし、そして供養を設けます」とお願い申しあげた。ブッダは「思うがままにするがよい」と言った。

［またアナータピンダダ長者は、世尊に］「私は今また頂上に華鬘《けまん》と諸々のお香を合わせたものを作ってジャンブ樹の木陰に坐している像に供えようと思います」［と言ったところ］ブッダは「そのようにせよ」と言った。　（大正新脩大蔵経第二四巻四三四頁下段：cf. Kishino 2013: §5.3.1–.3）

このように義浄訳には、チベット語訳とは異なり、寄進物が多く集まり、結果、その運び手について問題が生じたというエピソードもそれに関する規定も見られない（だが、それとほぼ同内容のものは『ムクタカ』に見られる。詳しくは後述する）。そして最後に言及されている「頂上」というのも、チベット語訳のように菩薩像を乗せる車の上部を指しているのか、あるいは、単に菩薩像そのものの上部を指しているのかよく分からない。またそこに作られた「華鬘《けまん》と諸々のお香を合わせたもの」も、果たしてそれがチベット語訳が説くように寄進物を収集するために施された工夫であるのかも定かではない。結果、義浄訳からは、一見したところでは「行像」そのものに関して得られる情報はあまり多くないように見受けられる。ただここで一つ注意すべきは、義浄が「供養《くよう》」という語で表しているものが、チベット語訳の「祭典（Skt. maha）」に関連することが示唆されているという点である。「供養《くよう》」という漢語は、現代人にとっても馴染みがあるほど深く定着した仏教用語であり、その背後にあるインド語としては√pūj（敬う）やupa√sthā（仕える）や√yaj（崇拝する）等の複数の動詞語根の派生語が想定しうるが、√mah（祭る）というインド語の派生語の想定も可能である。また古代インドにおいては古くよりブッダへの「供養」が、祭り（Skt. maha）の形式によってなされていた可能性が高いことが碑文資料などを通じて指摘されている（杉本一九九三・一七一頁）。こうしたことを踏まえると、この❹は、菩薩像に対する「祭典」の開催を示唆するものであり、その意味において「行像」とも全く無関係な規定ではないと言える。

続いて『ニダーナ』は、チベット語訳では飾られた菩薩像の装飾品を外すタイミングについて、義浄訳では飾られた菩薩像を公開している寺院を閉門するタイミングについて、ブッダが規則を制定するエピソードに至る。そしてまたウッダーナが挿入されることによってテキストが一旦区切られる。

この最後のエピソードも、インドで行われていた「行像」の特徴を知る上で重要な手がかりを与えてくれるものとして注目に値するので、以下に挙げておく。チベット語訳は次の通りである。

⑤比丘たちは、鳴り物（Skt. *vādya）が止んでおらず、人々が離散していないのに［菩薩］像の飾りを外してしまった。すると信仰心のあるバラモンや家長たちが「聖者たちよ、私たちは［かつて］信心が生じたように［今は］不信心が生じました。あぁ、鳴り物も止んで人々も離散してから［菩薩］像の飾りを外すと何か問題があるのですか？」と非難した。比丘たちは、ことの顛末を世尊に申し上げた。すると世尊は「比丘たちよ、バラモンや家長が責めるのはもっともだ。ならば、鳴り物が止んでおらず、人々が離散していないのに［菩薩］像の飾りを外してはいけない。もし外したならば過失になる」と仰った。

(Kishino 2013: §5.3.4; cf. Schopen 2005b: 134)

一方、義浄訳の当該箇所は以下のような内容である。

❺アナターピンダダ長者は「私は菩薩像にちなんでお寺（「寺宇」）を飾りたてよう」と言った。ある時、比丘たちがお寺に香泥・華鬘・焼香・抹香によって彩りを加え、様々な鼓楽を奏でて［菩薩像に対する］盛大な供養をなしたところ、人々がその世にも珍しくこれまでにない様を見

て「この住居は極めて美しく飾りたてられている」と言い合った。ある時、比丘たちは、人々が騒ぎ乱れているのを見て、昼間であるのに閉門してしまった。すると在家者たちは、それを見るやいなや不機嫌になってしまい「[美しい光景を見ることで]善性が生じるのにそれを妨げているではないか」と言った。[比丘たちが]このことをブッダに申し上げるとブッダは「鼓楽を奏でて[菩薩像に対する]供養をなしている時は、昼間は門を開けておいて夜に閉じるのが適当である」と言った。

(大正新脩大蔵経第二四巻四三四頁下段：cf. Kishino 2013: §5.3.4)

チベット語訳と義浄訳では規定そのものは異なるが、菩薩像に対して鳴り物が奏でられている点、さらにそれが信仰心を掻き立てるものとして捉えられている点は共通している。先ほど見た『法顕伝』のパータリプトラにおける「行像」の記述にも、それが鳴り物を伴うものであることが説かれていたが、この『ニダーナ』の規定からも、菩薩像に対して鳴り物を奉納することが是とされていることが窺い知られるのである。また、ここでは鳴り物を奏でること自体は全く問題視されておらず、あたかも前々から是認されていることであるかのように扱われている点も注目に値する。それはブッダが既にそのことをどこかで認可していることを示唆しており、実際その認可は『ムクタカ』の中に見られるのだが、それは次項で確認する。

『ニダーナ』は、今とりあげた規定の直後にウッダーナを挟むことでテキストを一旦終える。そしてそれ以降には「行像」に関わると考えられる規定は、一つを残して見られなくなる。その一つは「行像」がいつ行われたのかという重要な問題と関わる規定であるため、後ほど別に詳しく取り上げるとして、本稿はこれより『ムクタカ』の方に目を移すとしよう。

三　『ムクタカ』に見られる「行像」に関する規定

『ムクタカ』に見られる「行像」に関する規定は、先に引用した『法顕伝』や『大唐西域記』の記述では定かではなかった誰が像を運ぶのかという問題を考える上で示唆に富む規定から始まる。これまでと同様にチベット語訳と義浄訳を順に見ることにしよう。

①事の起こりはシュラーヴァスティーにおいてである。世尊は、ジャンブ樹の木陰に坐している像を、盛大な祭典（Skt. *maha）に伴うようにして、街の中に運び入れよ」と仰ったものの、比丘たちは、誰が運ぶのかが分からなかった。そこで、世尊は「キャリアの浅い比丘が運びなさい」と仰った。世尊は「キャリアの浅い比丘が運びなさい」と仰ったものの、その者を取り巻く者がいなかったため、見映えしなかった。そこで、世尊は「比丘・比丘尼・式叉摩那《しきしゃまな》・沙弥《しゃみ》・沙弥尼《しゃみに》という五衆でしなさい」と仰った。

（デルゲ版 7 Pa 175b; cf. Schopen 2005b: 133; Kishino 2016: §2.5.1）

ここでは像の運び手が、在家信者ではなく、出家修行者たち（比丘・比丘尼）とその見習いの者たち（式叉摩那・沙弥・沙弥尼）であることがはっきりと明言されている。一方で、義浄訳の当該箇所は以下の通りである。

❶その時、ブッダはシュラーヴァスティーにいらっしゃった。その時にアナータピンダダ長者は、世尊に「私は、ジャンブ樹の木陰に坐している像がやって来て街に入ってくる間に、盛大に供養をなしたいのですが」とお願い申し上げたところ、ブッダは「長者よ、まさしく適当な時である」と答えた。

そこにいた比丘たちは、誰が像につき従って街に入るべきか分からなかったところ、ブッダは「キャリアの浅い比丘が、みなで［像に］つき従って［街に］入るべきである」と言った。その時、［像につき従っている］者たちは少なく、あまり厳かで華麗ではなかったところ、ブッダは「比丘・比丘尼・式叉摩那・沙弥・沙弥尼の五衆が［像の］そばに侍った状態で付き従って［像を］取り囲みなさい」と言った。

（大正新脩大蔵経第二四巻四四六頁上段：cf. Kishino 2016: §2.5.1）

このように義浄訳は「行像」が実施されることを既定のこととしつつ、その際に「像につき従う」者が誰であるのかを問題とし、そしてそれはチベット語訳でも言及されていた「五衆」であるとしている。チベット語訳と異なり、その「五衆」が実際に像を運ぶ役割も担うことを明確に説いてはいないが、少なくとも彼らは、牽引される像のすぐ近くにいなければならなかったことが、この規定からも窺い知られる。

続いて『ムクタカ』は、チベット語訳・義浄訳ともに、バラモンや在家信者たちが寄進物を献じたところ、誰も受け取らなかったので、ブッダは、それを受けるべきであることを命ずるエピソードに移る。それは次の通りである。

②浄信あるバラモンと家長が、施物を献じても、誰も受け取らなかった。そこで、世尊は「比丘たちが受け取りなさい」と仰った。しかしながら、彼らは、キャリアの浅い者が受け取るべきであるのか、あるいはキャリアの長い者が受け取るべきであるのかが分からなかった。そこで、世尊は「キャリアの長い者が受け取りなさい」と仰った。

［また］世尊は「比丘たちが運びなさい」と仰ったところ、上座の比丘たちが運び疲れてしまった。そこで、世尊は「上座の比丘たちが見守って、別の者が運びなさい」と仰った。

（デルゲ版 7 Pa 175b; cf. Schopen 2005b: 133–134; Kishino 2016: §2.5.1）

❷時に篤信のバラモンと在家信者たちが、上質の美しい瓶に入れた吉祥なる水を比丘の手に注い

で、そして寄進物を与えようとしたところ、誰一人としてそれをただちに受けようとする者はいなかった。世尊は「キャリアの長い比丘たちが右手を差し出して、吉祥なる水と寄進物を受けよ」と告げた。

（大正新脩大蔵経第二四巻四四六頁上段；cf. Kishino 2016: §2.5.1）

ここではチベット語訳には寄進物を運ぶ者についての規定が見られるが、義浄訳には見られず、また義浄訳には「吉祥なる水」についての言及がある一方でチベット語訳にはないという違いがあるものの、全体的には先に見た『ニダーナ』のチベット語訳に含まれているもの（④）とよく似た内容である。この規定も「行像」と寄進物との深い関わりを示しているが、「行像」そのもののことを知る上でより示唆的なのは、これに続く次の規定である。そこでは、先に言及した鳴り物の演奏に関するブッダの明言が見られるのである。この規定についてもチベット語訳と義浄訳を順に見てみよう。

③比丘たちは鳴り物なしに行ってしまったので、家長アナータピンダダが「世尊がお認めにならないのであれば、像がお越しになる時に、私が鳴り物を手配いたしましょう」と言ったところ、世尊は「長者よ、ならば認めるので、そのように手配しなさい」と仰った。

（デルゲ版 7 Pa 175b; cf. Schopen 2005b: 134; Kishino 2016: §2.5.1）

❸時に比丘たちは、鼓楽［の演奏］が伴っていない状態で像を引いて街に入ったところ、ブッダは「鼓楽を鳴らしなさい」と言った。

（大正新脩大蔵経第二四巻四四六頁上段：cf. Kishino 2016: §2.5.1）

ここではブッダが「行像」の際に鳴り物が演奏されることを明確に容認していることが分かる。さきほど見た『ニダーナ』の中の「鳴り物が止んでいないのに」云々の話（⑤、❺）は、この容認を前提にしたものであろう。ここで仏教のことによく通じた読者であれば、一つ疑問が生じるかもしれない。それは、出家修行者である比丘が俗事の一つである音楽を奏でることに関わっても良いのかという疑問である。この疑問は当時の仏教者にとっても同様であったようで、ここで『ムクタカ』は、その疑問に答えるべく、次のようないわゆる「ウパーリ問答」（仏弟子の中でも律の専門家として名高いウパーリが、律の要点についてブッダに質問をするという問答形式のテキスト。特に「根本説一切有部律」には散見される）を付加している。

④ブッダである世尊に同士ウパーリは「大徳、比丘が鳴り物を奏でることは適当ですか？」と尋ねた。［世尊は］「ウパーリよ、適当ではない。礼拝の時に［鳴り物を奏でる者に対して］次のように『貴公よ、師（ブッダ）（Skt. śāstṛ）に礼拝をしなさい』と命じなさい」［とお答えになられ

た」。
（デルゲ版 7 Pa 175b; Schopen 2005b: 134; Kishino 2016: §2.5.1）

❹ウパーリはブッダに「世尊は『鼓楽を鳴らしなさい』とお説きになられましたが、そのように誰がそれをするのかが分かりません」と言ったところ、ブッダは「在家者にさせよ」と言った。

また［ウパーリは］ブッダに「仮に比丘が、鼓楽を鳴らすことはあり得るでしょうか。あり得ないでしょうか」と尋ねた。するとブッダは「［比丘が鼓楽を鳴らすことは］不適当であるが、ただし供養を設ける場合を除く」と答えた。

ブッダは、時に鼓楽を鳴らす者に「御仁よ、今は大師（ブッダ）をまさしく供養すべきであって、理由なく鼓を叩いて音楽を奏でてはいけない。そのようにしたならば過失になる」と告げた。
（大正新脩大蔵経第二四巻四四六頁上段：cf. Kishino 2016: §2.5.1）

この「ウパーリ問答」のチベット語訳では音楽を奏でることに関与できるのは飽くまで在家信者であって、出家修行者には認められていないが、他方、義浄訳では、興味深いことに、ブッダを供養する際に限って例外的に認められているとされている。この違いが何を意味しているのかは定かではないが、いずれにせよ音楽活動は、基本的には在家者が従事すべきものと目されていたようである。

この後、テキストは、直ぐにウッダーナを挟み、内容を改めた形で次の話に移る。そしてその話は

「行像」の具体的なやり方を説く規定を含んでおり、特に注目に値する。引き続きその話をチベット語訳と義浄訳の順に確認するとしよう。

⑤ブッダである世尊は、シュラーヴァスティーのジェータ林のアナータピンダダ園に滞在していらっしゃった。世尊が「盛大な祭典を行って、ジャンブ樹の木陰に坐している像が、街の中にお越しになるのを盛り上げよ」と仰ったところ、比丘たちは、バラモンと家長たちに前もって知らせないで行ってしまった。彼らは「あぁ、聖者たちよ、私たちに前もって知らせてくれたら、私たちが様々な施物を用意することがあったのに」と言った。

比丘たちが、ことの顛末を世尊に申し上げた。すると世尊は「七日か八日前から『盛大な祭典を行う』と、街、市場、街道、大通り、四つ辻において、知らせよ」と仰った。彼らは、「祭典があります。祭典があります」と「日時を指定せずに」声に出して言った。すると、世尊は「時が決まってから『これこれの時に祭典があります』と知らせよ」と仰った。「比丘たちが」そのようにしても、世間のみなは聞かなかったので、世尊は「白樺の皮（Skt. *bhūrja）に書いて、象の上に乗って、市場、街道、大通り、四つ辻において知らせよ」と仰った。

（デルゲ版 7 Pa 176a; cf. Schopen 2005b: 134; Kishino 2016: §2.5.1）

❺その時、世尊はシュラーヴァスティーにいらっしゃった。世尊は、既に［菩薩］像が、節会の日に街の中に出入りすることをお認めになっていた。その時、バラモンや在家信者たちが一緒になって比丘たちに「聖者よ、［菩薩］像が街にやって来たが、私たちは知らなかった。師よ、あらかじめ先ず告げてくれたら、その時私たちは力に応じて各人で上質の香や花を整えて吉祥なる供養をしたり、道路の補修や街の周囲の装飾をしたりして、像（「尊儀」）を仰ぎ見て、それによって大いに福徳をおさめます」と言った。時に比丘たちはそのことをブッダに申し上げたところ、ブッダは「街の練り歩き（「行城」）の時からさかのぼること七日か八日に『某日の某時にいたったら法会を設けるでしょう。御仁たちは、その時にいたったら、各々力に応じて香や花を用意して、某寺院においてみな供養をし申しあげてください』と唱和して広く互いに告知させるべきである」と言った。

時に、街中において告知をしたところ、その時、人々の中には、それでも全く聞いていない者たちがいた。そのことを［比丘たちが］ブッダに申し上げたところ、ブッダは「何も書いていない紙や白い綿布に、告知の言葉を明確に書くべきである。象や馬の乗り物の上において、街の要路で布告させてもよい」と言った。

街の練り歩き（「行城」）の日にいたったが［像に］侍り従う者たちが多くいなかったところ、ブッダは「五衆（比丘・比丘尼・式叉摩那・沙弥・沙弥尼）の者たちに［像を］囲んで随従して巡行

させよ」と言った。（大正新脩大蔵経第二四巻四四六頁上～中段：cf. Kishino 2016: §2.5.1）

ここでは「行像」（義浄訳では「行城」と言い表されている）を遂行するにあたって、出家修行者たちがその開催日時をあらかじめ大々的に告知せねばならならなかったこと、更にはそのための手順が具体的に説かれている。また、その告知が在家信者からの寄進や支援を期待してのこととして説かれている点にも注意すべきであろう。そこには、インドの仏教教団が「行像」を行う背景の一つとして、それを見に集まった人たちからより多くの寄進や支援を集めようとする実利的な意図がかなり明確に見てとれるのである。実際『ムクタカ』では、この告知に関する規定以後、集まった寄進物を保管する役割の比丘の任命方法など「行像」によって集まった寄進物の扱いに関する規定が続く。これらは「行像」そのものと直接関係するわけではないが、「行像」の意義を考える上では重要な手がかりになると思われるので、それらも見てみよう。

⑥盛大な世尊の祝祭（Skt. maha）が行われた時に、世尊は「上座の比丘たちが供物を見守りなさい。若い者が［それを］運びなさい」と仰った。すると、運んでいる者が、うっかり落としてしまい、コソドロたちが［それを］盗んだ。そこで、世尊は「『財物保管比丘』を任命しなさい。任命は次のようにせよ（以下、任命方法の文言は略す）」と仰った。

（デルゲ版 7 Pa 176a–b; cf. Schopen 2005b: 134; Kishino 2016: §2.6.1）

❻時に、篤信のバラモンや在家信者たちが、さまざまな物を比丘に施与した。比丘たちは、その物を誰が受けるべきであるのか分からなかったところ、ブッダが「キャリアの長い比丘たちがそれを受け取るべきである」と言ったので、そのように、そうした比丘たちは受け取って、また自ら携えて行ったところ、財物が多かったので、疲れ果ててしまった。世尊は「年若く元気な比丘に、それらの物を持ち歩かせよ」と言った。

［彼らがそれらの物を］持参してお寺に至ると［それらの物が］大量の集積となり、盗賊によって盗まれるようになったところ、ブッダは「それらの物を守護する者を指定するべきである。次のように指定せよ（以下、指定方法の文言は略す）」と言った。

（大正新脩大蔵経第二四巻四四六頁中段；cf. Kishino 2016: §2.6.1）

ここではチベット語訳・義浄訳ともに、集まった寄進物を保護・管理する役職の比丘が必要であることが説かれているが、留意すべきは、それが寄進物を盗まれないようにするための対策である点である。ここからは、仏教教団が「行像」を通じて集まった寄進物への——執着とは言わないまでも——高い関心が窺い知られる。

ひき続いて『ムクタカ』は「行像」に関する最後の規定として、「行像」によって集まった寄進物を発端として比丘と比丘尼が対立するに至った興味深いエピソードと、その対応策を説いている。最後にそれを確認するとしよう。

⑦そこでも利得（Skt. *lābha）が多く生じた。そこで比丘尼たちが「聖者たちよ、私たちに利得の一部を分け与えて下さい」と言ってきたものの、比丘たちは与えなかった。比丘尼たちは、翌日［菩薩像が乗る］車を別に一台用意した。すると、バラモンと長者が「聖女たちよ、これは［比丘たちのものと］同じ車か、それとも別の車か」と尋ねつつも［施物を与えたため］比丘尼たちも、利得を多くした。比丘尼たちは［自分たちが］利得と敬仰《きょうごう》において満足するようになったのを比丘たちに見られてから「聖者たちよ、あなたたちは、私たちに利得を分け与えなかった。しかし、私たちも、車を別に用意することによって、多くの利得を得るようになった」と言った。

事《こと》の顚末を、比丘たちは、世尊に報告した。すると、世尊は「比丘たちよ、厄介なことになるのは、比丘尼たちが、祝祭の時に［菩薩像の乗る］車を別に用意することによる。ゆえに、比丘たちと比丘尼たちが［菩薩像の乗る］車を別々に準備すべきではない」とお考えになってから、世尊は「比丘たちよ、比丘尼は不適当なことをした。ゆえに、比丘尼たちは、祝祭の時に［菩薩像の乗る］車を別に用意してはいけない。比丘尼たちが、祝祭の時に［菩薩像の乗る］車を別に用意したならば、教団の分裂になり、また重罪になる」と仰った。

（デルゲ版 7 Pa 176b–177a; cf. Schopen 2008: 632; Kishino 2016: §2.6.1）

❼その時、比丘たちは多くの施物を獲得した。比丘尼たちは次のように「大徳らよ、今や［あなたたちは］施物を獲得したのだから、私たちにも分け与えるべきである。もし与えないのであれば、私たちは［あなたたちとは］別個に集団での巡行をするぞ」というような言説をなした。比丘たちは、その話を聞いても［別個に集団で巡行することを］思いとどまらせて認めなかった。

ある時、比丘尼たちはとうとう［比丘たちとは］別個に集団での巡行をなした。すると諸々の在家者たちが比丘に「聖者よ、今ここで行道《ぎょうどう》しているのは、［あなたたちと］同じなのか別なのか」と尋ねてきたので［比丘たちは］「同じではない」と答えたところ、在家者たちは「大師が現在おられるのに、教団の分裂がおこった。互いに申し出ることなく、別個に集会《しゅうえ》をなしている」と言った。そうして比丘尼たちもまた財利を獲得した。比丘はこのことをブッダに申し上げたところ、ブッダは「比丘尼たちは、別個に集団での巡行をなしてはいけない。もしもなしたならば、これは教団の分裂にもつながり、重罪を得る」と言った。

（大正新脩大蔵経第二四巻四四六頁中段；cf. Kishino 2016: §2.6.1）

ここでは「行像」が大量の寄進物をもたらすこと、さらにはその大量の寄進物に対して比丘と比丘尼の両者がともに高い関心を持っていたことが明確に説かれている。そしてこの後チベット語訳では、集まった寄進物を平等に分配する役職の比丘を任命すべきであること、およびその任命方法が説かれ、義浄訳においても、特にそうした役職については説かれないものの、集まった寄進物を比丘尼とともに平等に分配せねばならないことが説かれる（ちなみに Schopen 2008 はこの規定に注目し、当時の仏教教団における男性出家修行者と女性出家修行者の財物に関する平等性を指摘している）。こうしたコンテキストを勘案すると、インドの仏教教団にとって「行像」は、やはり大量の寄進物が集まる重要な機会として捉えられていたのであろう。

以上、『ニダーナ』と『ムクタカ』に含まれている「行像」に関わる規定をほぼ網羅的に見てきた。そこでは、様々な装飾で飾られたシャカムニの像（ただし覚《さと》りをひらく前の菩薩の姿）を、やはり様々な装飾で飾られた車に乗せて街を出入りすること、その車は出家修行者たちが牽引ないし引率すること、そしてその際には鳴り物が奏でられること、さらにはあらかじめ大々的な告知がなされることが、全てブッダの直説として規定されていた。また、そうした諸規定からは「行像」の開催が、寄進物の収集と密接に関わることが窺い知られた。こうしたインドにおける「行像」の具体的なやり方やその意図を示唆する情報は『大唐西域記』や『法顕伝』等の他の文献資料には見られないものである。ゆえに、これらの情報は「行像」について考察する上で極めて重要であり、広く参照されて然るべきものであると言えよう。

第四節　いつ「行像」は開催されたのか

最後に一つ残された問題がある。それはインドの仏教教団によってこの「行像」がいつなされたのかという問題である。先行研究の多くは、それを降誕会《ごうたんえ》（ブッダの誕生を祝う祝祭）の一環と断じているることは既に見た通りである。では実際に「根本説一切有部律」においてもそのように規定されているのかと言えば、そうだと速やかに言い切ることは——少なくとも現時点では——筆者にはできない。『ニダーナ』においても『ムクタカ』においても、そのようなことは明言されていない。先の引用からも分かる通り、せいぜいチベット語訳においては「祭典（Skt. maha）」と記され、義浄訳においては「供養」ないし「節会」と記されているだけなのである。では『ニダーナ』や『ムクタカ』に説かれる「行像」を伴った「祭典（Skt. maha）」は、いつ何に因《ちな》んで行われるものであったのだろうか。この点を考察するにあたって示唆的な一節を含む文献資料が、少なくとも二点存在する。一つは、すでに我々がよく知る「根本説一切有部律」の『ニダーナ』であり、いま一つは「根本説一切有部律」の翻訳者である義浄の旅行記である『南海寄帰内法伝』である。これらの二点の文献に見られる問題の一節も順に確認しておこう。

「根本説一切有部律」には「祭典」への言及が散見される。だがそれらの多くは充分な説明もなく既に周知のものであることを前提とした言及となっている。しかし『ニダーナ』には、仏教が深く関わっている四つの「祭典」の由来を説明している注目すべき一節が見られ、しかもそこでは「行像」との関わりも示唆されている。その一節は、先に見た、菩薩像の装飾を外すタイミング／菩薩像を公開している寺院を閉門するタイミングに関する規定（⑤／❺）に続いて見られるものであり、スタイルとしてはこれまでに見てきたものと同様にアナータピンダダ長者とブッダとの問答形式のやりとりである。これまで通り、先ずはチベット語訳の方を、続いて義浄訳を見るとしよう。

家長アナータピンダダはブッダに「あなたは、いつの月においてお生れになったのですか？」と尋ねた。するとブッダは「家長よ、私はヴァイシャーカ月（Skt. Vaiśākha［春季。現在の太陽暦の四～五月に相当］）に生まれた」と答えた。［すると家長アナータピンダダは］「もし世尊がお認めになられるならば、世尊の王宮のご開設（Skt. prati√sthā?）を手配します」と申し上げた。すると世尊は「長者よ、認めるのでせよ」と仰った。

また［家長アナータピンダダは］「世尊は何年経過してから頭髪を切除したのですか？」と申し上げたところ、世尊は「家長よ、五年経過してからである」と仰った。［すると家長アナータピンダダは］「もし世尊がお認めになられるならば、私は世尊に対して五年に一度、祭典（Skt.

*maha）をいたします」と申し上げた。すると世尊は「家長よ、認めるのでせよ」と仰った。

また［家長アナータピンダダは］「世尊は何年経過してから髻《もとどり》を立てたのですか？」と申し上げたところ、世尊は「家長よ、六年経過してからである」と仰った。［すると家長アナータピンダダは］「もし世尊がお認めになられるならば、髻《もとどり》の祭典をいたします」と申し上げた。すると世尊は「家長よ、認めるのでせよ」と仰った。

また［家長アナータピンダダは］「世尊はいつの月に無上の知恵に到達したのですか？」と申し上げたところ、世尊は「家長よ、ヴァイシャーカ月においてである」と仰った。［すると家長アナータピンダダは］「もし世尊がお認めになられるならば、世尊たるジャンブ樹の木陰に坐している像に対して大祭典をいたします」と申し上げた。すると世尊は「家長よ、認めるのでせよ」と仰った。

（Kishino 2013: § 5.4.2; cf. Schopen 2005b: 132–133; Schopen 2014: 373–379）

このアナータピンダダとブッダのやりとりは、難解な表現が含まれているため隈なく意味が明瞭なわけではない。例えば「ご開設」と訳した言葉（Tib. zhal bsro ba）の背後にどのようなサンスクリットが存在するのかは明確に想定することはできない。またここでは、ブッダの生涯にまつわる四つの出来事について言及がなされているが、その四つ全てが何を指しているのか明らかなわけではない。概してブッダの生涯にちなんだ四つの大きな出来事と言えば、ルンビニー（Skt. Lumbinī）という地における誕生、ブッダガヤー（Skt. Buddhagayā）という地における成道《じょうどう》、ムリガダーヴァ（Skt. mṛgadāva［現在のサールナート］）という地における初転法輪《しょてんぼうりん》（覚りを得たブッダが初めて説法をしたこと）、そしてクシナガラ（Skt. Kuśinagara）という地における涅槃《ねはん》（逝去）という四つが有名である。特に日本においては「四仏事《しぶつじ》」などと一括りにして捉えられることも少なくない。そのため、ここでもその四つの出来事について説かれていることが予想ないし期待されるところではある。ところが、ここで我々が見ている『ニダーナ』における問答の中で言及されている一番目と四番目の出来事に関しては、一番目が「誕生」であり、四番目は「無上の知恵に到達」とあるので「成道」であることは間違いないとして、二番目と三番目の「五年経過してから」云々と「六年経過してから」云々の出来事に関しては、それが「初転法輪」や「涅槃」を指しているとは考えにくい。では両者がどのような出来事を指しているのかと言えば、それは明確には分からない。おそらくは両者とも何らかの儀礼を指しており、それらは仏教に固有のものというよりは、一般に「剃髪式《ていはつしき》」ないし「髪結式《かみゆいしき》」と訳されることの多いチューダーカルマ／チューダーカラナ（Skt. cūḍākarma/ cūḍākaraṇa 幼児が髪を剃り、初めて髷《まげ》を結う儀礼）等の古代インドにおける一般的な通過儀礼のようなものであると考えられるが、速《すみ》やかにそうと言い切れるだけの確証を筆者は「根本説一切有部律」（およびその関連文献）の中に見つけられてはいない（ちなみに「根本説一切有部律」においては、「降誕」「成道」「初転法輪」「涅槃」の四つがワンセットとして重視されることはないのかと言えば、決してそうではない。その四つが起こった地は聖域として仏塔が建てられており、それが数ある仏塔の中でも特に重要なものとして扱われねばならないことを定めた規定が『ムクタカ』の中に見られる)。

このように『ニダーナ』に見られるブッダの生涯にまつわる四つの出来事に関するアナータピンダダとブッダの問答は、その全てが「四仏事」に対応するわけではなく、幾つかの不明瞭な点を残したままではある。だが全体を通して見ると、アナータピンダダが、ブッダの生涯にまつわる何らかの四つの出来事にちなんで祭典を開催することを申し出ており、ブッダが容認していることは明らかである。そして我々が注目すべきは、最後の四番目のやりとりである。そこではブッダがヴァイシャーカ月に「無上の知恵に到達した」、つまり成道したことが明言されると同時に、それを祝うために菩薩像を用いた祭典を開催することが明確に規定されているのである。もしここで容認されている菩薩像を用いた祭典が「行像」を伴うものであるとするならば、このチベット語訳の記述を見る限り、我々はインドにおいて「行像」は、ヴァイシャーカ月における成道を祝う祭典においてなされていたと結論を下すことができるかもしれない。もっとも、このチベット語訳の記述においては降誕も成道と同様にヴァイシャーカ月のこととされているので、当時のインドにおける成道を祝う祭典というのは、現在のスリランカや東南アジアの仏教諸国において盛んなブッダの降誕と成道と涅槃を同時に祝う「ウェーサーカ祭」のごとく、降誕も同時に祝う場であったのかもしれない(「ウェーサーカ」というのは「ヴァイシャーカ」の訛り)。いずれにせよ、ここでは「行像」が実施されていた可能性がある祭典は、必ずしもブッダの降誕のみと関わるものとして説かれているわけではないことは確かである。続いて義浄訳の当該箇所も見てみよう。

その時［アナータピンダダ］長者は、ブッダに「私は、今から更に大祭典を設けます」と申し上げた。ブッダは「そうしなさい」と言った。長者はブッダに「菩薩がお生れになった時、それは何月何日でしたか？」と尋ね申しあげたところ、ブッダは「ヴァイシャーカ月であって、日は満月であった時、それが私の生まれた日である」と告げた。［そこで長者は］「私は今から［ブッダの］生れた日にちなんだ大祭典（「生日大会」）をしたいと思います」［と言ったところ］ブッダは「そうしなさい」と言った。［長者は］「私は今から菩薩像（「贍部影像」）のために香殿《こうでん》（Skt. gandhakuṭī）を作りたいと思います」［と言った。］するとブッダは「作りなさい」と言った。［長者は］「世尊よ、菩薩として時を経て、何歳になってから髻《もとどり》を切除なさいましたか？」［と尋ね申しあげたところ］ブッダは「五歳である」と言った。［そこで長者は］「私は今から五歳の大祭典（「五歳大会」）をしたいと思います」［と言ったところ］ブッダは「そうしなさい」と言った。

［長者は］「世尊よ、菩薩として、何歳の時に髻《もとどり》をふたたび立てられましたか？」［と尋ね申しあげたところ］ブッダは「六歳である」と言った。以下は前文と同様である（「余如前説」）。

［長者は］「世尊よ、私は菩薩像（「贍部影像」）を作りたく、ブッダの大祭典（「仏陀大会」）をなしたく思います」［と言ったところ］ブッダは「そうしなさい」と言った。
（大正新脩大蔵経第二四巻四三五頁上；cf. Kishino 2013: § 5.4.2）

義浄訳も、チベット語訳と同様に、アナータピンダダがブッダの生涯にちなんだ祭典の開催をブッダに申し出ており、それをブッダが逐一容認している内容になっているが、チベット語訳と異なる点として、少なくとも二点を指摘することができる。一つは、チベット語訳において「世尊の王宮のご開設」云々となっていた箇所が、義浄訳では「香殿《こうでん》（Skt. gandhakuṭī）」を作る云々というように内容がより具体的になっている点である。「香殿」というのは、仏教教団の僧院内に設置されたブッダのためのプライベート空間であり、そこにはブッダが在住しているものと想定され、多くの場合「仏像」が置かれ、そこを管理する役職の比丘がいるほど特別な場であったことが知られているが（ショペン二〇〇〇・一三二～一四六頁）、この『ニダーナ』の義浄訳の記述からも、それがブッダのための空間であって、そこに菩薩像が安置されていたことが窺い知られる。このように、義浄訳には、チベット語訳と違って「香殿」についての言及が見られるという差異を先ず指摘することができる。

そして第二の差異として、義浄訳ではチベット語訳と違って成道のことが言及されていないという点を指摘することができる。義浄訳においても、最後の段になってチベット語訳同様に「菩薩像（贍部影像)」が言及されているため、ここでアナータピンダダが申し出ている大祭典は「行像」を伴うものである可能性が示唆されている。だが、ここではチベット語訳とは違って成道に関する問答は全く見られない。そのため、ここでアナータピンダダが申し出ている大祭典が「行像」を伴うものであるとしても、それが何を祝うためのものであるのか定かではない。無論、その最後の「菩薩像を作りたく、ブッダの大祭典をなしたく思います」というのが、それまでの「香殿」云々「五歳」云々「六歳」云々の全てと関わっていると解釈することも不可能ではない。としても、その大祭典がブッダの降誕とのみ関わるものとして説かれているわけではないことは確かである。つまりは、義浄訳の当該箇所においても、「行像」を伴いうる祭典が、ブッダの降誕を祝うためだけのものとは説かれていないようなのである。

続いて、義浄の『南海寄帰内法伝』における「行像」に関する記述に移ろう。『洛陽伽藍記』の訳注研究において、入矢義高が法顕や玄奘と同様に義浄も『南海寄帰内法伝』において「西域」における「行像」の記録が見られると説明しているものの、管見の限り『南海寄帰内法伝』には、そのような記述が見られないことは既に述べたが、ではそこに「行像」に関する言及が全く見られないのかと言えば、そうではない。あまり知られていないようであるが『南海寄帰内法伝』にも「行像」に関する簡潔な言及が少なくとも二箇所確認される。一つは「南海」(一説によれば、現在インドネシア共和国に属するスマトラ島のパレンバン付近)における、在家信者が出家修行者を食事に招待する際の作法について記した箇所（巻第一「受斎軌則《じゅさい》」）であり、いま一つは、インドの仏教教団が行なっていた「安居《あんご》」（Skt. varṣā）」と呼ばれる雨季の定住生活において、その最終日に開催される反省会（Skt. pravāraṇā 一般に「自恣《じし》」と訳されるが、義浄はこれを「随意《ずいい》」という別の訳語を用いて訳している）の様子について記した箇所（巻第二「随意《ずいい》成規」）である。その二つを順に確認するとしよう。

……第二日目の正午を過ぎれば、鼓楽が打ち鳴らされて、お香や花が設けられて、尊像の招来が請われる。［尊像を載せた］棚車や輦輿《れんよ》、［それらを飾る］幡旗《ばんき》は日に照り映え、出家者も俗人も雲のように奔《はし》り集まってくる。［尊像を載せた棚車や輦輿が］引かれて［食事に招待した施主の］家の庭に至ると［そこには］帷蓋《いがい》が張られている。金や銅の尊像は磨き飾られており、白々と明るく輝いている。［その尊像を］香泥を塗って、清浄な盤の内に安置する。みなは香水をもって［尊像を］敬虔に沐浴させる。［そして］香のついた繊細な布で拭ってから、捧げ持ってお堂の中に入り、［その堂内で］盛んにお香や灯火を設けて、まさしくその時に［仏を］称讃する。その後、上座の者が施主のために「布施の偈」（「陀那伽陀」Skt. ＊dānagāthā）を説き、その功徳を申し述べる……。

（大正新脩大蔵経第五四巻二一〇頁下；cf. 王一九九五・六二～六三頁；宮林・加藤二〇〇四・八〇～八一頁）

> ……十四日の夜になると、必ず決まって、一人の経典を読誦する師が請願され、高座にあがり仏教の経典を読誦する。すると、在家者たちが雲のように奔《はし》り集まり、出家者たちも霧のように集まってくる。灯火によって明かりが絶やされることなく、お香と花によって供養がなされる。夜が明けると［出家者たちは］みな出立し、村や街を巡って、各自ひとしく敬虔な気持ちで、聖廟（「制底」Skt. caitya）に礼拝する。棚車は像を乗せ、鼓楽が天に響き渡り、幢幡《どうばん》や天蓋《てんがい》が囲むように連なって風にひるがえり太陽を蔽《おお》うほどである。［このように実行された自恣《じし》を］三摩近離《サマグラ》（Skt. *samagra「統一のとれた」「調和した」の意）な［自恣］と呼ぶのであるが、［三摩近離《サマグラ》とは］訳すと「和集」である。おおよそ大規模な斎会の日は全てことごとくこのようであって、これは中国における「行城の法」である。
>
> （大正新脩大蔵経第五四巻二二七頁中；cf. 王一九九五・一一三〜一一四頁；宮林・加藤二〇〇四・一六四〜一六五頁）

ここで挙げた二つの記述に関しては、そこに書かれていることが全て明瞭に理解され得るわけではない。しかしながら、これまでに我々が現代語訳を通じて見てきた幾つかの文献資料と同様に、装飾を伴った車に「仏像」が乗せられ、それが町を巡行すること、そして、そこで鳴り物が奏でられていることが記されていることが分かる。最初の引用は「南海」における記述であるため、今ここで議論をしていることとは直接は関係がない。われわれにとって重要なのは、二番目に引用したインドの記述である。特に注目すべきは、その最後の一節である。義浄は、車に乗った「仏像」が町を巡行する様子を叙述した上で、インドでは大規模な「斎会」は「全てことごとくこのよう」であると述べ、さらには、それは、中国における「行城の法」だと説明しているのである。義浄の叙述は必ずしも言葉が充分なものではないため、その一節もいくつかの解釈が可能であろうが、例えば、それを、インドにおいては大規模な斎会においてはいつも「行像」がなされており、そしてそれはまさしく中国の「行城」のやり方と同じであったというように読むことができよう。その場合、義浄は中国で実施されている「行城」と同じものが、インドでは自恣《じし》をはじめとする大規模な斎会において頻繁になされていたことを証言していることになる。また、もしこの読みが妥当でなかったとしても、この第二番目の記述が「自恣」と呼ばれる安居の反省会の様子を述べたものであり、ブッダの生涯にまつわる祝祭の様子を述べたものではないにもかかわらず、そこで「行像」がなされることが記されている点は疑いようもない。そして、義浄の言う「大規模な斎会」というものが、具体的にどのような行事を指すのかは明確ではないが、少なくともブッダの生誕にまつわる祝祭のみを指しているわけではなさそうである。つまり、この義浄の記述からも、少なくとも、インドにおける「行像」は、必ずしもブッダの降誕を祝う祝祭とのみ関連したものではないことが窺い知られるのである。

　以上の『ニダーナ』と『南海寄帰内法伝』の記述からは、インドにおける「行像」がいつ何にちなんで行われたものであるのかはっきりとは分からないものの、それをブッダの降誕を祝う祭典の一環と断じるのは、いささか早計であることが分かると言えよう。

おわりに

本稿では、インド仏教研究の意義と問題点を確認し、律テキストの特徴を踏まえた上で、主に「根本説一切有部律」に基づいて、インドの仏教教団が行なっていた「行像」の諸相と意義の一端を明らかにした。「行像」に関する議論の要点を箇条書きにしてまとめておくと以下の通りである。

・「行像」で用いられる「仏像」は、仏教の開祖であるシャカムニが覚りを開く前の「シャカムニ菩薩」の像であり、具体的には、いわゆる「樹下思惟」の姿をとったものであった。
・菩薩像にもそれが乗る車にも、煌《きら》びやかな装飾が施されていた。
・「行像」は鳴り物の演奏を伴い、その演奏は基本的には在家信者が担当していた。
・菩薩像の運搬ないし引率は出家者が担当した。
・「行像」を実施するにあたっては、前もって大々的な告知がなされた。
・「行像」は、仏教教団にとって多大な寄進物が得られる重要な機会であった。
・「行像」は、必ずしもブッダの生誕を祝う祝祭においてのみ行われるものではなかった。

先にも述べた通り「根本説一切有部律」に描かれている仏教教団の姿がいつの時代のものであるかは確定しておらず、またインド亜大陸が広大であることを考えれば「根本説一切有部律」に基づく僧院生活が地理的にもかなり限定されたものであった可能性は否めない。そのため、ここで挙げた要点が広く「インド仏教」全般を通じて言えるかどうかは定かではない。そのことを充分に承知した上で、敢えて本稿でとりあげた諸資料からインドの「行像」と西域諸国や中国で盛んに行われた「行像」とを比較してみると、以下の二点を重要な差異として指摘することができるかもしれない。一つは、インドにおいては運ばれる像は飽くまで「菩薩像」であったものの、西域諸国や中国においては必ずしもそうではなかったという点であり、いま一つは、インドにおいては必ずしも仏誕を祝うためだけのものではなかったものの、少なくとも中国においては、そのように限定されがちであったという点である。これら二点の違いが確かに存在するとしたならば、それを仏教の諸地域における変容ないし展開として、すなわち時代や地域の違いによる仏教行事のあり方の変遷として説明することは容易《たやす》いであろうし、事実そうなのかもしれない。だが、ここでは、それとは別の説明の可能性についても触れておきたい。それは「行像」を執り行う主催者の違いである。

「根本説一切有部律」は、いうまでもなく出家修行者を対象としたテキストである。そこに説かれている「行像」に関する規定も、出家修行者たちがどのように「行像」を進めるべきかが説かれている。つまりは、その執行の主体は出家修行者である。一方で、インドにおいては出家修行者ではなく在家信者が主導する「行像」もあった可能性がある。そのことを示唆する記述を含む文献資料が少なくとも二つ存在するからである。一つは、先に挙げた玄奘の『大唐西域記』であり、いま一つは、義浄の別の著作である『大唐西域求法高僧伝《だいとうさいいきぐほうこうそうでん》』（上下二巻）である。最後にそれぞれの該当箇所を順に見るとしよう。

『大唐西域記』の巻五には、玄奘が北インドにおいて戒日王《かいじつおう》（ハルシャ・ヴァルダナ王［Skt. Harṣa-vardhana］五九〇〜六四七）に謁見《えっけん》した際の記録が含まれている。そこでは、王が曲女城《きょくじょじょう》（カニヤークブジャ［Skt. *kanyā-kubja］現在のカナウジ）において「五年大会」を開催した際に、象に乗せられた「仏像」も同行する巡行を行なった様子が次のように記されている（なお、これと同内容の記述は、玄奘の弟子である慧立《えりゅう》［七世紀］がまとめた伝記に基づいて編纂された『大唐大慈恩寺三蔵法師伝《だいとうだいじおんじさんぞうほうしでん》』にも見られる：田中二〇〇六）。

折しも戒日王はちょうど曲女城に帰り、法会を取り行なおうとしていた。……王はまず河の西に大きな伽藍（がらん：「僧伽藍《そうがらん》」の略）を建て、伽藍の東に宝台の高さ百余尺のものを作り、中には金の仏像の大きさが王の身長ほどのものを安置した。台の南に宝壇を作り、仏像を浴する処とした。ここから東北十四、五里の所に別の行宮を築いた。この時は仲春の月（吠舎佉《ヴァイシャーカ》月）であった。初日から珍しい御馳走を沙門や婆羅門たちに供し、［三七］二十一日目になると行宮から伽藍まで、道を挟《はさ》んで閣《たかどの》を作り種々の飾りを尽くし、楽人は移動することなく次々に楽を奏する。王は行宮から一体の金像を引き出す。虚空にくっきり浮かび上がる、その高さ三尺余り、大象に載《の》せりっぱな幕を張りめぐらす。戒日王は帝釈天《たいしゃくてん》〈Skt. śakra: 仏教の守護神の一人〉の服をつけ宝蓋《がい》を手に執り左に侍し、拘摩羅《クマーラ》王は梵天王《ぼんてんのう》〈Skt. brahman: 仏教の守護神の一人〉の威儀を整え白い払子《ほっす》を手に執り右に侍す。それぞれ五百の象軍が鎧《よろい》をつけ、仏像の前後を取り巻き護衛する。それぞれ百の大象は楽人が乗って音楽をかき鳴らす。戒日王は真珠・とりどりの宝や金銀［で作った模造］の花を歩むにつれて四方に撒き、三宝に供養をする。まず宝壇に昇り香水を仏像に注ぎ、王自ら背に負って西の台の上に送り届け、種々の珍しい宝や憍奢耶衣《コーシャヤ》〈Skt. kauśeya: 絹、絹製の衣服〉など数十百千をば供養とする。この際にはただ沙門二十余人のみ扈従〈こじゅう：貴人に付き従うこと〉し、諸国王は護衛をする。食を進め終わるといろいろの異学の人を集めて、教義の微意を論定し妙理を宣揚し、日がまさに暮れようとする時［はじめて］行宮に引き返すのである。

（水谷一九九九［第二巻］・一九九〜二〇〇頁）

ここでは、種々の音楽や演出とともにハルシャ・ヴァルダナ王自身が帝釈天に身を扮して行進するという興味深い様子が描かれているが、本稿との関わりで留意すべきは、それが具体的に何の像であるかは定かではないものの、金色の「仏像」を伴うものであって、かつ、その「仏像」とともに歩む「沙門」と表記されている僧侶の数が「二十余人のみ」と全体から見ればかなり少数である点である。つまりは、この記述からは「行像」が行われているものの、その主体は出家修行者ではなく飽《あ》くまでハルシャ王であって、またその開催自体もハルシャ王によるものであることが窺われるのである。

続いて義浄の『大唐西域求法高僧伝《だいとうさいいきぐほうこうそうでん》』の該当箇所を見てみよう。唐代に西域・インドへと旅した六十人の僧侶たちの伝記を集めた同著には、僧哲《そうてつ》という名の中国の僧侶がインドに渡った際に目の当たりにした光景として、篤信《とくしん》のラージャバタという国王が、ハルシャ王のように主体的に「行像」を行なっていたと解せる次のような一文が見られる（下巻）。

［僧哲は］聖跡を思慕して、西域に向かって船を浮かべた。西土に到着して適宜に教化して機縁に従い、［聖跡を］巡礼して見回り東インドに戻ってサマタタ国（「三摩呾吒國」：Skt. *Samataṭa）に至った。国王の名は、ラージャバタ（「曷羅社跋吒」：Skt. *Rājabhaṭa）といった。その王は、三宝を深く尊敬し、篤信の在家信者となっていた。［仏教に対する］深い誠実さと徹底した信心は、空前絶後のものであった。毎日、鋳型《いがた》の粘土製の［仏］像を十万体も造り、『大般若経《だいはんにゃきょう》』十万頌《じゅ》も読み、鮮花を十万束も御自《おんみずか》ら供養し、［王が］献呈したお供えが積み上げられると人と同じ［高さ］になった。［王が］駕籠《かご》を整えて出かけるときには、観音が先発し、幡旗《ばんき》と鼓楽が天にひるがえって空に鳴り渡った。「仏像」と僧侶たちが並んで先導し、王はその後に随行した。

（大正新脩大蔵経第五一巻八頁上；cf. Chavannes 1894: 128–129; Lahiri 1986: 84–85; 伊藤一九九三・六一頁）

ここで先ず我々の目を引くのは、王の行進が「観音」を伴っている点である。『大唐西域求法高僧伝』も、中国仏教史および東西交通史の有益な資料の一つとして先行研究も多く、少なくとも、フランス語、英語、現代日本語の三つの翻訳が出版されているが（Chavannes 1894; Lahiri 1986; 伊藤一九九三）、現代日本語訳は、その「観音」が数行後の「仏像」と同じものを指していると解釈している一方で、英訳とフランス語訳では、後者の「仏像」を「ブッダ像」と捉え、「観音」とは別のものとして解釈している。後者の解釈の方が妥当であると思われるが、この文脈からだけでは確定はしにくい。いずれにせよ、その「観音」も何かしらの図像であることは間違いなさそうである。つまりは、菩薩像ではない聖像が行列に参加しているのである。そして、さらに注目すべきは、この国王の行列は、先に見たハルシャ王のケースと同様に「仏像」と僧侶の行列を伴うものであるものの、それは国王の取り巻きのように見受けられる点である。要は、ここで説かれる国王の行列も、全体としてみれば「行像」として見ることができるが、その主体はやはり在家信者である国王であることが窺い知られるのである。

今ここで玄奘の『大唐西域記』と義浄の『大唐西域求法高僧伝《だいとうさいいきぐほうこうそうでん》』において確認したことは、ひょっとすると、われわれが冒頭で『洛陽伽藍記』などを通じて確認した中国や西域における「行像」にも当てはまるのかもしれない。それらにおいては、どのような「仏像」が用いられているかは「根本説一切有部律」のように明確に限定して述べられておらず、それは裏を返せば「シャカムニ菩薩」ではない像も用いられていた可能性を示唆しているとも解釈できる。また、それらの記述においては、国王のことが言及されており、彼らが「行像」を多大に支援していたことも窺い知られるが、このことも、彼らがその「行像」の企画者ないし開催者であったことを意味しているのかもしれない。つまりは、インドにおいては「行像」は、遅くとも玄奘や義浄がインドを訪れた七世紀あたりには、出家修行者が先導するものと有力な在家信者が先導するものの二種類があったかもしれず、なおかつ中国や西域諸国で盛んに行われていた「行像」は、その後者に近いものだったのかもしれないのである。その場合は、インドで行われていた「行像」と中国や西域諸国で行われていた「行像」との間には、我々が当初思い描いたような変容ないし展開はなかったことになる。

もっとも、これは単なる可能性にすぎない。例えば、敦煌《とんこう》という西域交通路の要所の一つであるオアシス都市においては、九世紀から一一世紀にかけて「行像司」という「行像」を統括する役職の僧侶がいたことが、一般に「敦煌文書《とんこうもんじょ》」と呼ばれる写本文献を通じて知られているが（竺沙二〇〇二・三四九～三五〇頁）、これは西域における「行像」が、「根本説一切有部律」に説かれる「行像」のように、出家修行者の主導のもとに行われていたことを示す傍証であると言えるかもしれない。いずれにせよ、「行像」のあり方を、仏教の諸地域における変容・展開という観点から議論するためには、もっと多くの文献資料の精査が必要であることは言うまでもない。近代仏教学において何かを議論する際には、その議論の拠り所として文献資料が——良くも悪くも——何より重視されることは既に述べた通りである。

最後に、これまでに見てきた「行像」に関する論点以外に、総論としてここで述べておくべきは「根本説一切有部律」を通じて我々は、出家修行者たちが、在家信者の協力のもと積極的に宗教活動に従事する姿を垣間《かいま》見たという点である。本稿が引用した『ニダーナ』と『ムクタカ』に見られる出家修行者は、自己の覚りを目指して思索や瞑想に耽ったり、難解な教理を考究したりする孤高の思想家ではなく、教団の運営ないし振興のために、他の出家修行者や在家信者たちと文字通り力を合わせて祖師の像を運搬したり、それを華やかで盛大なものにするための工夫を凝らす活動家であった。それは、インド仏教研究において今なお主たる研究対象である教理や教説を説いた文献資料からだけでは可視化され難い姿であると言える。

本稿の冒頭においても述べた通り、従来のインド仏教研究は、どちらかと言えば、仏教を思想として理解する作業に偏っていた。無論、仏教の本来の主要な関心が個人の解脱にあり、そのために出家修行者たちが様々な思索を重ね、それを言葉に紡《つむ》いできたことは確かである。一方で「仏教」は一つの宗教団体でもあるから、出家修行者たちは、その団体の構成員として様々な宗教活動に従事したとしても何ら不思議ではない。事実、律には、そのような出家修行者の姿が鮮明に描かれている。従って、仏教の実態をより正確に捉えるためには、仏教者たちが「何を説いたか」を探ることと同時に、彼らが「何をしたか」にも充分な注意を払う必要があろう。そうすることで、仏教をより多角的に捉えることができ、結果、仏教に対する理解はより深まるのではないだろうか。

仏教の初期経典の一つとしてよく知られた『スッタ・ニパータ』というテキストには「生まれによって賤《いや》しい人となるのではない。生まれによってバラモンとなるのでもない。行為によって賤しい人ともなり、行為によってバラモンともなる」（中村一九八四・三六頁）という有名な文言が含まれている。この文言が示す通り、ブッダは「行為」の重要性を説いたと言われている。無論ここで言う「行為」とは、身（身に行うこと）・口（口に言うこと）・意（心に思うこと）の全てを指すのであろうが、その「行為」という言葉を敢えて表層的に、口先だけではないという意味での「実践」という言葉で置き換えたとき、すなわち今風の言葉で言うところの「言っていることではなく、やっていることが、その人の正体」と理解したとき、その文言をもっとも傾聴すべきは、われわれインド仏教研究者なのかもしれない。

謝辞

本稿は、船山徹先生が編集の工藤健太さんと「実践仏教」の企画を進められている際に、執筆者の一人として私をご推薦してくださったことから生まれた。貴重な執筆の機会を授かったことに感謝申し上げます。

そして実際の執筆にあたっても、船山先生と工藤さんからは様々なご助言とご助力、そして広大なご寛恕を賜った。このことにも改めてお礼申し上げます。また草稿に対して貴重なご意見をくださり執筆を後押ししてくださった佐々木閑先生、中西麻一子先生、馬場紀寿先生、八尾史先生、さらには問題点や不明瞭な点を逐一ご指摘して下さり、内容の精度を高めてくださった木島菜菜子先生、中山慧輝先生、宮治昭先生、安間観志先生、山崎一穂先生にもこの場を借りて篤く御礼申し上げます（むろん本稿に誤りや不正確な箇所があるとすれば、それは執筆者である私一人の責任である）。

参考文献

石田（一九七一）　石田瑞麿『仏典講座――梵網経』、東京・大蔵出版。

伊藤（一九九三）　伊藤丈「大唐西域求法高僧伝」『現代語訳一切経一――大唐西域求法高僧伝・海東高僧伝』、東京・大東出版社、三～九五頁（翻訳）、一六七～一七六頁（解題）。

入矢（一九九〇）　入矢義高『洛陽伽藍記』（東洋文庫五一七）、東京・平凡社。

王（一九九五）　王邦維『南海寄帰内法伝校注』、北京・中華書局。

大谷（二〇一五）　大谷由香「義浄による有部律典の翻訳とその影響について」、『佛教學研究』七一、一四七～一六三頁。

辛嶋（二〇一四）　辛嶋静志「大乗仏教とガンダーラ――般若経・阿弥陀・観音」、『創価大学国際仏教学高等研究所年報』一七、四四九～四八六頁。

風間（一九七六）　風間喜代三『言語学の誕生――比較言語学小史』、東京・岩波書店。

菊池（二〇一五）　菊池章太「行像東漸史考証」、『東洋学研究』五二、九三～一〇八頁。

木南（一九八〇）　木南卓一『三世の光――釈尊伝』、大阪・木南卓一（私家版）。

金（二〇一七）　金龍泰（佐藤厚訳・蓑輪顕量監訳）、『韓国仏教史』、東京・春秋社。

小杉（一九五三）　小杉一雄「行像――ベゼクリクの行像壁画?・」『佛教藝術』一九、四〇～四五頁。

佐々木（一九九九）　佐々木閑『出家とはなにか』、東京・大蔵出版。

滋賀（一九八一）　滋賀高義「浴仏と行像――仏教信仰の一面について」、『大谷學報』六一、一三～二三頁。

下田（一九九七）　下田正弘『涅槃経の研究――大乗経典の研究方法試論』、東京・春秋社。

章巽（一九八五）　章巽『法顕伝校注』、上海・上海古籍出版社。

ショペン（二〇〇〇）　グレゴリー・ショペン（小谷信千代訳）『大乗仏教興起時代インドの僧院生活』、東京・春秋社。

末木（二〇一三）　末木文美士『浄土思想論』、東京・春秋社。

杉本（一九九三）　杉本卓洲『菩薩――ジャータカからの探求』、京都・平楽寺書店。

關（二〇一三）　關信子「迎講・来迎会・ねり供養――主役の迎講阿弥陀像を中心に」、『2013年度秋季特別展「極楽へのいざない――練り供養をめぐる美術」図録』、一三四～一三九頁、京都・龍谷大学(龍谷ミュージアム)。

高田（一九六七）　高田修『仏像の起源』、東京・岩波書店。

田中（二〇〇六）　田中純男（海量）「インドの行像——その概要と季節」、『豊山教学大会紀要』三四、一三〜二九頁。

竺沙（二〇〇二）　竺沙雅章「敦煌の僧官制度」、『中国仏教社会史研究（増訂版）』京都・朋友書店、三二九〜四二五頁。

塚本（一九七九）　塚本善隆『中国仏教通史　第一巻』、東京・春秋社。

長澤（一九九六）　長澤和俊『法顕伝　訳注・解説——北宋本・南宋本・高麗大蔵経本・石山寺本　四種影印とその比較研究』、東京・雄山閣。

中村（一九八四）　中村元『ブッダのことば——スッタニパータ（改訳新版）』、東京・岩波書店。

中村（二〇〇一）　同『広説仏教語大辞典』、東京・東京書籍。

平川（一九九三）　平川彰『二百五十戒の研究Ⅰ』（平川彰著作集第一四巻）、東京・春秋社。

平川（一九九八）　同『比丘尼律の研究』（平川彰著作集第一三巻）、東京・春秋社。

平田（一九九五）　平田昌司「唐代小説史における根本説一切有部律」、『中國文學報』第五〇号、四四〜五四頁。

水谷（一九九九）　水谷真成『大唐西域記』全三巻（東洋文庫六五三）、東京・平凡社。

水野（一九七二）　水野弘元『仏教要語の基礎知識』、東京・春秋社。

水野（二〇〇四）　同『経典はいかに伝わったか――成立と流伝の歴史』、東京・佼成出版社。

宮治（二〇一六）　宮治昭『仏像を読み解く――シルクロードの仏教美術』、東京・春秋社。

宮林・加藤（二〇〇四）　宮林昭彦・加藤栄司『南海寄帰内法伝――七世紀インド仏教僧伽の日常生活』、京都・法藏館。

森（一九九七）　森章司「「法顕伝」などインド旅行記に見られる部派と戒律」、『東洋学論叢（笠井貞教授退任記念号）』二二、五〇～八一頁。

Chapman（2007）　Chapman, Ian D. "Carnival Canons: Calendars, Genealogy, And the Search for Ritual Cohesion in Medieval China." Ph.D. dissertation, Princeton University.

Chavannes（1894）　Chavannes, Édouard. *Mémoire composé a l'époque de la grande dynastie T'ang sur les religieux éminents qui allèrent chercher la loi dans les pays d'Occident.* Paris: Ernest Leroux.

Clarke（2006）　Clarke, Shayne. "Miscellaneous Musings on *Mūlasarvāstivāda* Monks: The *Mūlasarvāstivāda Vinaya* Revival in Tokugawa Japan." *Japanese Journal of Religious Studies* 33(1): pp. 1–49.

Clarke（2016–2017）　———, "Lost in Tibet, Found in Bhutan: The Unique Nature of the Mūlasarvāstivādin Law Code for Nuns." *Buddhism, Law & Society* 2: pp. 199–

292.

Hirakwa（1982）　Hirakwa, Akira. *Monastic Discipline for the Buddhist Nuns: An English Translation of the Chinese Text of the Mahāsāṅghika-Bhikṣuṇī-Vinaya*.（Tibetan Sanskrit Works Series, 21）. Patna: Kashi Prasad Jayaswal Research Institute.

Kishino（2013）　Kishino, Ryōji. “A Study of the *Nidāna*: An Underrated Canonical Text of the *Mūlasarvāstivāda-vinaya*.” Ph.D. dissertation, University of California, Los Angeles.

Kishino（2016）　———, “A Further Study of the *Muktaka* of the *Mūlasarvāstivāda-vinaya*: A Table of Contents and Parallels,”『佛教大学仏教学会紀要』21: pp. 227–283.

Kishino（2018）　———, “From Gyōnen 凝然 to Hirakawa Akira 平川彰：a Cursory Survey of the History of Japanese *Vinaya* Studies with a Focus on the Term *Kōritsu* 広律.”『佛教大学仏教学会紀要』23: pp.85–118.

Lahiri（1986）　Lahiri, Latika. *Chinese monks in India*, Delhi: Motilal Banarsidass.

Nattier（2004）　Nattier, Jan. “Bodhisattvas and the Pure Land: A New Look at the Early Mahāyāna in India,” Paper delivered at Otani University, October 7.

Rhi（2003）　Rhi, Juhyung, “Early Mahāyāna and Gandhāran Buddhism: An Assessment of the Visual Evidence." *The Eastern Buddhist* XXXV, 1&2, pp. 152–201.

Schopen（2005a）　Schopen, Gregory. "The Mahāyāna and the Middle Period in Indian Buddhism: Through a Chinese Looking-Glass," *Figments and Fragments of Mahāyāna Buddhism in India: More Collected Papers*. Honolulu: University of Hawai'i Press, pp. 108–153.

Schopen（2005b）　———, "On Sending the Monks Back to Their Books: Cult and Conservatism in Early Mahāyāna Buddhism," *Figments and Fragments of Mahāyāna Buddhism in India: More Collected Papers*. Honolulu: University of Hawai'i Press, 2005, pp. 108–153.

Schopen（2008）　———, "Separate but Equal: Property Rights and the Legal Independence of Buddhist Nuns and Monks in Early North India," *Journal of the American Oriental Society* 128(4), 2008: pp. 625–640.（Schopen 2014, pp. 73–94 に再録）

Schopen（2014）　———, "Celebrating odd moments : the biography of the Buddha in some *Mūlasarvāstivādin* cycles of religious festivals," *Buddhist Nuns, Monks, and Other Worldly Matters: Recent Papers on Monastic Buddhism in India*. Honolulu: University of Hawai'i Press, 2014, pp. 361–389.

第二章　往生の秘訣

——平安日本の臨終行儀——

ジャクリーン・I・ストーン
（中山慧輝訳）

entitled **Jacqueline I. Stone. "The Secret Art of Dying: Esoteric Deathbed Practices in Heian Japan," in *The Buddhist Dead: Practices, Discourses, Representations*, Kuroda Institute Studies in East Asian Buddhism No. 20, ed. Bryan J. Cuevas and Jacqueline I. Stone. Honolulu: University of Hawai'i Press, 2007.**

はじめに

平安時代（七九四〜一一八五）後期の日本仏教界において、死というものは、信心深い修行者が仏あるいは菩薩のいる浄土《じょうど》への誕生（往生《おうじょう》）を遂げ、輪廻《りんね》から解脱《げだつ》するための重大な接点であると考えるようになった。一度浄土に生まれれば、その人は最終的な悟《さと》りを必ず獲得するとされた。当時の「浄土」の教えには、後の法然《ほうねん》（一一三三〜一二一二）や親鸞《しんらん》（一一七三〜一二六二）の宗派運動の排他主義的な意味合いはまだなかった。往生を願うことは、当時のすべての宗派の仏教徒が受け入れていたことであり、数多くの修行が往生という目標に向けられた。しかも、すべての信者が皆、同じ浄土を求めていたわけではない。未来仏である弥勒《みろく》（マイトレーヤ）が住んでいる兜率《とそつ》（トゥシタ）天に生まれることを望む者、観音《かんのん》（アヴァローキテーシュヴァラ）菩薩のいる補陀落《ふだらく》（ポタラカ）世界（D・マックス・モーマンが本論文集で取りあげる）[1]に生まれることを望む者、その他の勝れた世界に生まれることを望む者など様々であった。しかし、群を抜いて流行していたのは——たいてい「浄土」と言われる——阿弥陀《あみだ》（アミターバ、アミターユス）仏《ぶつ》がおり、宇宙の西方にあるという極楽《ごくらく》（スカーヴァティー）浄土であった。教義書だけでなく、大衆の歌や讃歌、詩、芸術、儀礼でも、聖なる集団（聖《しょう》衆《じゅ》）を従えた阿弥陀の来迎《らいごう》が讃えられ、修行者を臨終《りんじゅう》のときに迎え入れ、極楽の世界へと導く。日

一　これについては、本論文を収録する *The Buddhist Dead* 第八章二六六〜二九六頁を参照（訳者注）。

本で編纂した臨終行儀《りんじゅうぎょうぎ》に関する概説書（臨終行儀書）の初出は、天台宗の学僧源信《げんしん》（九四二〜一〇一七）による浄土教の実践本である著名な『往生要集《おうじょうようしゅう》』（九八五年）であり、それは阿弥陀の世界を枠組みとしている。源信は、臨終の僧が、阿弥陀の浄土への往生を保証するのに最も重要な「臨終の正念《しょうねん》」を生み出すために、仏像の手に結びついた五色の糸を持ち、阿弥陀の来迎を思い浮かべ、阿弥陀の名を呼ぶ念仏「南無阿弥陀仏《なむあみだぶつ》」を唱えるべきことを説明している。往生伝と呼ばれる平安期の伝記を集めたものがいくつか編纂され、それらはこの往生という目標を遂げたと伝えられる僧侶や尼僧、俗人たちの模範的な死を記録している。浄土の描写や表現が、当時の人々の臨終に対する考え方や備え方に支配的であったと言っても過言ではない。

しかし、浄土教以外の仏教教義や実践の要素も来世への備えや臨終行儀に役割を果たしている。おそらくはそれらのうちで最も顕著なのが密教であろう。密教がその正式な教義から、現世《げんせ》のための教えとしばしば表現されることを踏まえると、はじめはこのことに驚きを覚えるかもしれない。密教の形成に重要な役割を担った真言宗の開祖、空海《くうかい》（七七四〜八三五）は、密教は悟りに関して「雷の如く速い乗り物」（ヴァジュラヤーナ）であり、その点、劣った顕教《けんぎょう》のゆっくりした道より勝れていると強調した。(1)「三密《さんみつ》（三つの秘密）」を実行すること、すなわち、ムドラー、つまり、儀礼本（儀軌《ぎき》）などに書かれた、仏・菩薩の悟りを象徴する手や体の形（印《いん》）をすること・真言《しんごん》を唱えること・密教の尊格（本尊）を観想することを通して、行者の身体・口・心が法身仏《ほっしんぶつ》たる大日如来《だいにちにょらい》（マハーヴァイローチャナ）と一体になると言われ、そうすることで、「まさに今のこの身体で仏果を得る」（即身成仏《そくしんじょうぶつ》）。[2]死後、浄土に生まれ変わるという発想は、空海の著作において、手短にしか触れていない[3]。明らかに現世的であるという特徴は、好天や豊作をもたらし、政治の成否に影響を与えることができると思われていた、宮廷あるいは貴族個人を施主として行った様々な密教の儀礼（修法《しゅほう》）からも示唆される。東《とう》密《みつ》（空海の真言系）と台密《たいみつ》（最澄《さいちょう》の天台系）の密教の二大流派は平安期に台頭し、干ばつを緩和したり、

図1　臨終行儀

伝染病や疫病をなくしたり、男性相続人の誕生を確実にしたり、敵を服従させたり、その他の実用的な目的を叶えたりと、それぞれの目的に沿った複雑な儀式の技法を発達させていった。これに対し、臨終行儀は、死後に別の仏の世界で解脱することや「この煩悩にまみれた世界を嫌い、浄土を願う」という厭離《おんり》穢土《えど》、欣求浄土《ごんぐじょうど》の精神に収まるから、源信の導入した臨終行儀の類には、密教の影響がほとんどあるいはまったくないと考える者もいるかもしれない。しかしながら、よく検討

してみると、密教と浄土の教えが「現世の肯定」と「現世の否定」という対局にあると考えることは、主に近現代の真言学者の産物であることが分かる。[4] 多くの密教経典や儀礼本、その他奈良時代（七一〇〜七九四）から平安時代にかけて日本に入ってきた諸文献は、死後の阿弥陀世界への往生をもたらすという呪法や儀礼の内容を記載する。[5] 例えば、『理趣経《りしゅきょう》』という密教経典の注釈書である『理趣釈』は、無量寿如来《むりょうじゅにょらい》としても知られる阿弥陀を表す「フリーヒ」（hrīḥ）という一音節の真言（種子《しゅじ》）について詳しく解説し、この一字の真言を保持することで、現世では病気や災害を免れ、来世では阿弥陀の国において最も高い位で往生を遂げることができると説いている〔『理趣釈』大正蔵第一九巻六一二頁中〜下〕。影響力のある儀礼本『無量寿儀軌《むりょうじゅぎき》』は、この世の現実世界で浄土を経験することだけでなく、死後に極楽浄土に生まれることをも目的として、印や真言を伴った観想の儀礼を解説する〔『無量寿儀軌』大正蔵第一九巻六七頁下、六九頁中、七〇頁中〕。このような文献に基づいたものであれ、各自の発想によるものであれ、かなり多くの修行者が来世に備えて密教を実践していた。平安期の臨終行儀に対する密教の影響は、密教の真言や他の要素を、明快には理論化せずに、浄土に生まれることを目指した臨終行儀に単純に組み込んだり、往生の概念と臨終行儀を密教的観点からかなり詳細に再構築したりするなど、様々な形で見出だすことができる。本論は、浄土への往生という目標と、現世で仏になるという即身成仏との間に食い違いや矛盾があるとされたかどうかに焦点を当てて、臨終行儀の密教的な側面について考察する。また、食い違いや矛盾があるとされた場合、いかにしてそれを解決したのかについても検討する。

第一節　密教儀礼と浄土の願い――問題とならない二つの融合

多くの平安期の密教行者は、浄土への往生と即身成仏という二つの教義体系の目的に矛盾を特に感じる様子もなく、浄土への往生を望んでいた。最初期の往生伝である慶滋保胤《よししげのやすたね》著『日本往生極楽記』（九八五年頃）にそのような例証がいくつかある。比叡山にある天台宗の延暦寺《えんりゃくじ》の座主《ざす》であった増命《ぞうみょう》（八四三～九二七）は、台密《たいみつ》の三部《さんぶ》の大法《たいほう》を授かった一方で、阿弥陀の観想も実践した。最終的に増命は弟子に阿弥陀の名を唱えさせ、西に向かって死を迎えたという〔『日本往生極楽記』（六）二一頁〕。比叡山の僧である明靖《みょうしょう》は、初めから密教の教えを学んでいたにもかかわらず、臨終にあたっては阿弥陀を観じて、念仏を唱えた〔『日本往生極楽記』（一九）三〇頁〕。石山寺《いしやまでら》で密教修行をしていた真頼《しんらい》は、三密を習得していたが、臨終の日に高弟を呼び出して彼にまだ伝授していなかった秘密の印と金剛界真言を授け、そして西を向いて阿弥陀を観想して死去した〔『日本往生極楽記』（二〇）三〇頁〕。以上の例は、密教行者と自認する行者さえも阿弥陀の浄土を死後の目的地として求めていたことを示している。これらの著名な僧侶を浄土信仰者と表現しようとする編纂者慶滋保胤の意図は無視できないが、我々は他にも同様の事例を見出すことができる。例えば、高野山《こうやさん》にある真言宗の金剛峯寺《こんごうぶじ》の座主であり、興福寺別当《こうふくじべっとう》と東寺《とうじ》長者《ちょうじゃ》を同時に兼任していた定昭《じょうしょう》（九〇六〜九八三）の残した辞任状がある。定昭は晩年を阿弥陀の浄土へ生まれる修行に専念するために、九八一年にすべての法務を辞退する嘆願書を提出している〔『新校高野春秋編年輯録』巻四、五六頁上〕。定昭や『日本往生極楽記』に登場する僧侶は、学識の深い僧であるから、彼らは密教と浄土の教義の立場がそれぞれ異なっていることを確実に知っていたはずだが、死が近づくにつれて宗教的な願いを阿弥陀の浄土に向けていったという[6]。以上の事例は、個人の宗教的な目標や修行が、単一の教義体系だけに完全に沿うものではなかった、より正確に言うならば、教義体系が現代の通説より透過性があり、順応性の高いものであったということを示唆している。各々がどのような宗派に属しており、どのような教義内容を抱いていたかにかかわらず、「浄土への願い」とは死の備えを意味する共通語であった。

一方で、浄土信者を自認する者が、密教的な要素を普段の修行に取り入れ、阿弥陀の世界に生まれるという目的に向かってそれらの修行を行ったという事例もある。初期の事例のいくつかは、阿弥陀の浄土へ生まれるための修行を互いに支え合って行うため、九八六年に比叡山横川《よかわ》の寺域にて特別に始まった、浄土信仰の拡大に影響を与えた僧侶の集団（結衆《けっしゅう》）である二十五三昧会《にじゅうござんまいえ》の過去帳に残る短い伝記的な記述から知ることができる〔『楞厳院二十五三昧結衆過去帳』二七七〜二九一頁〕[7]。それらの記述によれば、彼ら結衆は密教的修行を含めた多岐にわたる修行法を、往生を目的とする普段の実践修行に取り入れていた。例えば、明普《みょうふ》（一〇〇六年没）は、浄土に生まれるために、念仏と経典読誦の両方を行い、ある時には密教修法に用いる祭火の中に供物を捧げる護摩《ごま》行《ぎょう》を千日以上行った〔『楞厳院二十五三昧結衆過去帳』二八一頁上〕。良運《りょううん》（一〇一一年没）は、密教の尊格である不動明王《ふどうみょうおう》（アチャラナータ）に対して供物の儀式（供養法）を定期的に行った〔『楞厳院二十五三昧結衆過去帳』二八二頁上〕。聖念《しょうねん》（聖金《しょうきん》とも。一〇一五年没）は、十五年の間、毎日六回（六時《ろくじ》）一万遍の念仏を唱える一方、

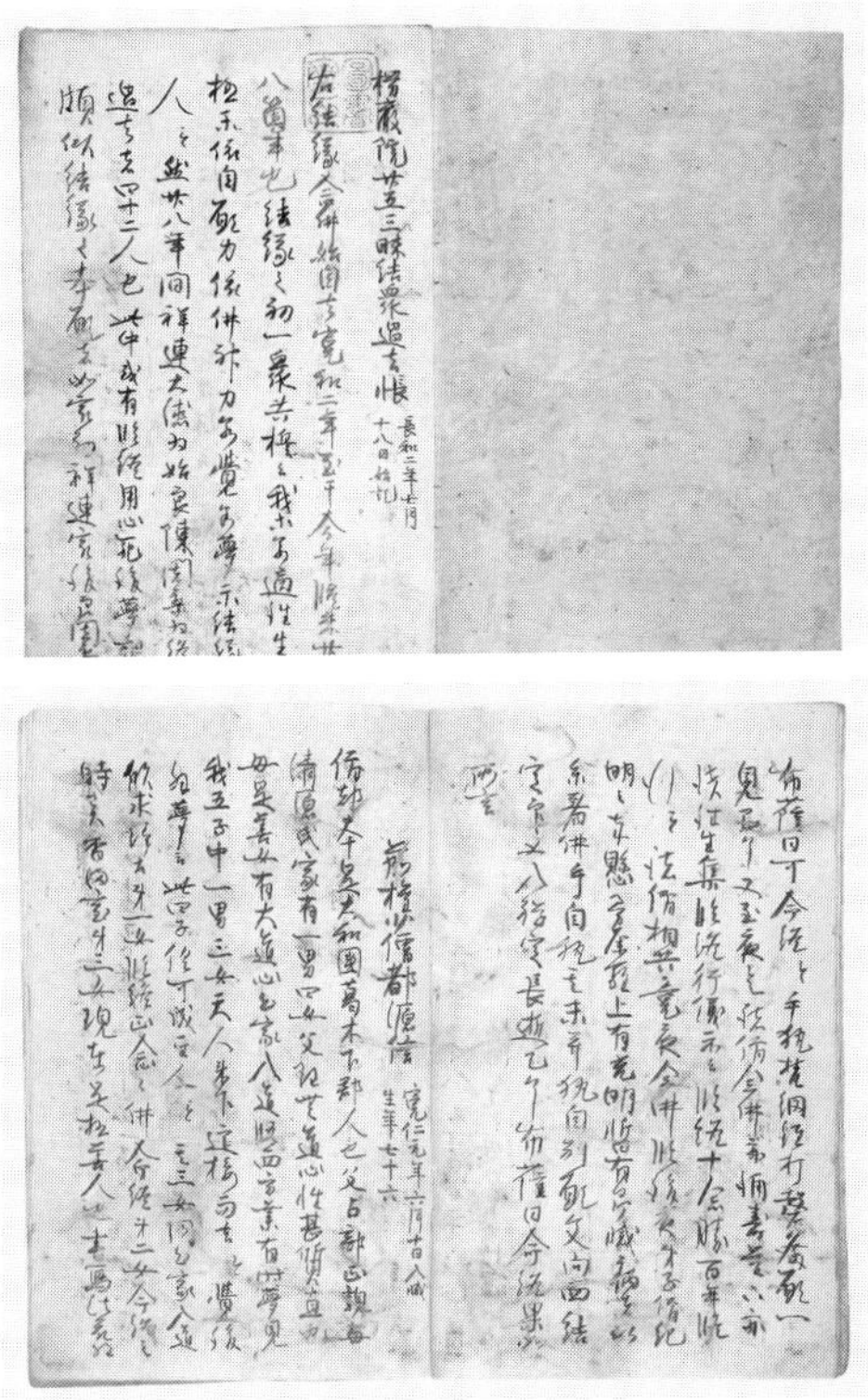

図2　楞厳院二十五三昧過去帳
（上：巻頭、下：源信伝部分）

図3　恵心僧都源信像

阿弥陀供養法という密教行儀を一日に二度行った。加えて、『法華経』を四二〇〇回読誦した〔『楞厳院二十五三昧結衆過去帳』二八五頁上〜中〕[8]。康審《こうしん》（一〇二一年没）は、『法華経《ほけきょう》』と『阿弥陀経《あみだきょう》』を繰り返し読誦し、さらに普賢菩薩《ふげんぼさつ》（サマンタバドラ）の十願や阿弥陀の四十八願、『梵網経《ぼんもうきょう》』の十重禁《じゅうじゅうきん》を唱えて、法華懺《ほっけせん》法《ぼう》（『法華経』を読誦して罪障《ざいしょう》を懺悔《さんげ》する法要）も行った。加えて、他の修行でも、阿弥陀の大呪や小呪、随求陀羅尼《ずいぐだらに》、光明《こうみょう》真言、尊勝大仏頂《そんしょうだいぶっちょう》陀羅尼、アロリキヤ、不動、仏眼《ぶつげん》（ブッダローチャナー）の真言など多数の密教真言や陀羅尼を唱えていた〔『楞厳院二十五三昧結衆過去帳』二九〇頁上〕[9]。

源信《げんしん》も二十五三昧会で活躍していたが、その過去帳の源信伝には、源信自身が特有の謙遜をもって、真言を学ぶ知力を欠き、念仏に集中することを好んだという記述があるが、一方で、十五種の不吉な死から身を守る陀羅尼である千手《せんじゅ》観音の真言や、尊勝大仏頂陀羅尼を定期的に唱えていたと述べている。この源信伝の別の箇所によれば、源信はこれら二つの陀羅尼だけでなく、阿弥陀、不動、仏眼の真言、そして光明真言まで唱えていたという〔『楞厳院二十五三昧結衆過去帳』二八七頁中、二八六頁中〕[10]。

さらに、源信は、自身の著作『往生要集』において、光明真言やその他の陀羅尼を唱え、密教と顕教の両方の経典を読誦することを、阿弥陀の極楽浄土に往生するための実践に資するものとして述べている〔『往生要集』二五四頁〕。

別の適例が同じく二十五三昧会の一員であり、密教に造詣の深い源信の弟子覚超《かくちょう》（九五二／九六〇〜一〇三四）である。覚超の往生伝によれば、覚超は月輪観《がちりんかん》（がつりんかんとも）と呼ばれる、満月のような白い円盤を背景に蓮華《れんげ》の上に描かれた、本来的に不生《ふしょう》であること（本不生《ほんぶしょう》）を象徴する悉曇《しったん》文字（梵語《ぼんご》）の阿（ア、a）の種子を観想する密教修法を、大日如来《だいにちにょらい》との一体化を目指す行法として頻繁に行っていた。この記述は、覚超が臨終に念仏して命を終え、後に弟子のひとりの夢に出現し、覚超が浄土に往生したことを皆に伝えた、と記している〔『続本朝往生伝』〔一〇〕二三六頁〕[11]。二十五三昧会に参加した僧たちは密教的な要素を個人の臨終行儀だけでなく、葬儀にも取り入れた。二十五三昧会の規則では、僧たちは月ごとの集会で念仏三昧《ねんぶつざんまい》を終えると、光明真言を唱え、三密の修行を行って砂を加持《かじ》することになっていた。この砂は、会の誰かが亡くなると、その者を苦しみから取り除き、浄土に生まれるようにと、その遺体の上にまぶすものであった[12]。

類似した例は、他の寺院のしつらえと関連して挙げることができる。特に目立った例は、『高野山往生伝』にある。この往生伝には、高野山の堂宇《どうう》や寺院で仕える公職の僧侶たちと、人里離れた山麓や谷間にある小さな地域（別所）で修行する「別所聖《べっしょひじり》」という行者たちの両方の浄土信仰者たちに関する記述がいくつかある(13)。例えば、教懐《きょうかい》（一〇九三年没。小田原聖《おだわらひじり》とも）は、初期の高野別所を取りまとめていたが、彼は日常の勤行として、両界曼荼羅《りょうかいまんだら》の修法、阿弥陀供養法、尊勝大仏頂陀羅尼を実践し、そして阿弥陀真言を唱えており、さらに臨終の直前には数百もの不動明王の絵を模写し、供養した。臨終では、弟子の僧たちとともに西に向かって念仏を唱えた。その後、その僧たちは西に向かって消えていく不思議な音楽を耳にし、うち一人が、阿弥陀の聖衆が教懐を連れて雲に乗って浄土へと上っていく夢を見た〔『高野山往生伝』（一）六九六頁〕。このように、今まで述べてきた事例のほとんどが顕教と密教を区別しておらず、すべての修行が浄土への往生に等しく向いていることには注意してよいだろう。

日本仏教学者の速水侑《はやみたすく》氏は、念仏と密教の真言や陀羅尼は、浄土信仰と密教教義との違いが何であれ、実際の修行においては、自分のため、あるいは他者のための、六道抜苦《ろくどうばっく》、死霊鎮送《しりょうちんそう》、浄土往生の功徳を有する強力な呪文として同じように理解されていたと述べている。そのため、速水氏が示すように、念仏と密教真言はともに、葬儀や周忌の法要だけでなく、死後の福徳を願って生前に行う仏事（逆修《ぎゃくしゅ》）などの死に関連する場面でも頻繁に唱えられていた(14)。したがって、密教真言を臨終行儀に組み込んだことは驚くべきことではない。そのような真言や陀羅尼には悪害や業の妨げ（業障）を除去する効果があると考えられたため、臨終の場面においては観想的な側面と呪術的な側面の両面に相当の重なりがあったことが分かる。往生伝から数例見てみよう。皇后歓子《かんし》（一一〇二年没）は、臨

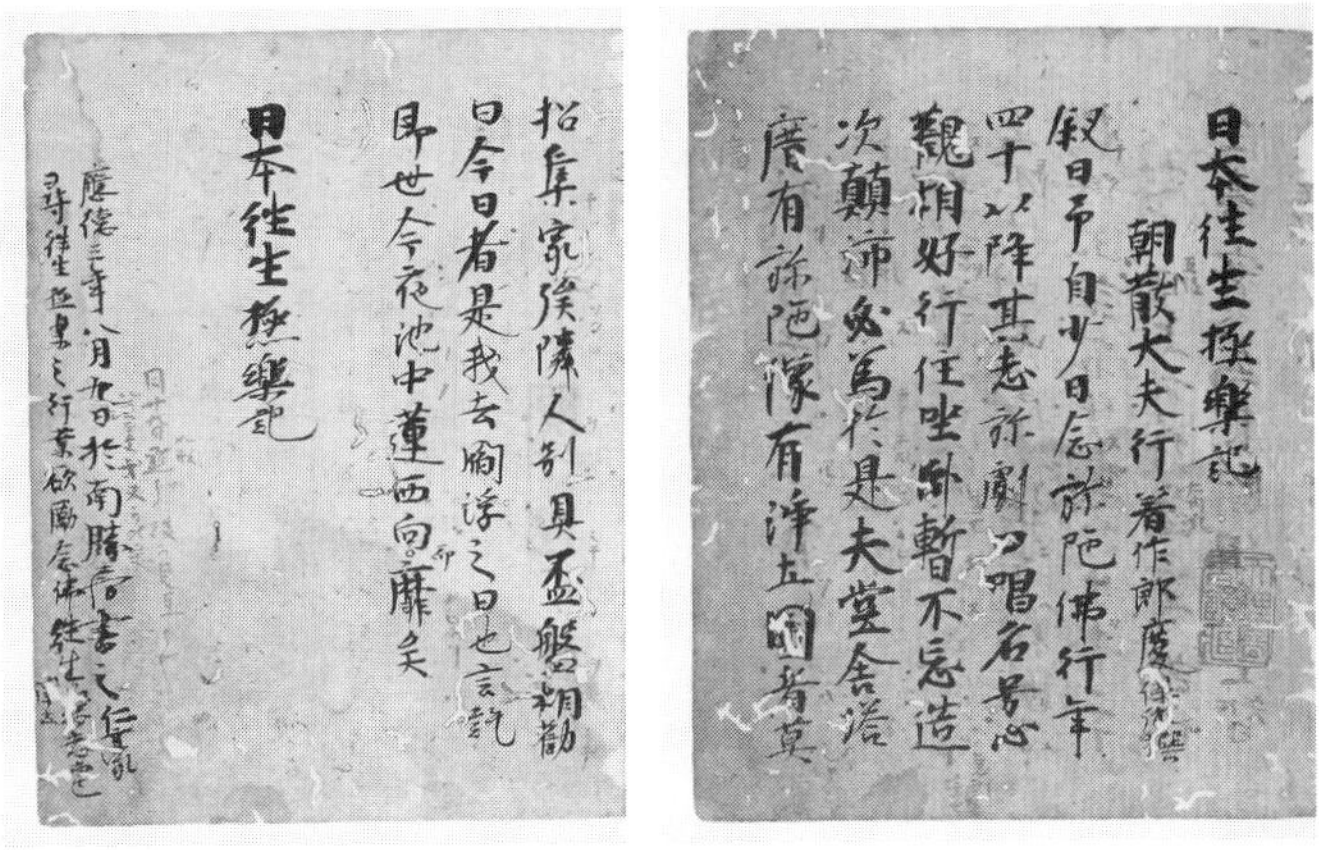

図4　日本往生極楽記（右：巻頭、左：巻末）

終の三日前に僧侶を呼び出して、死に際に臨終正念の障害を取り除くために、虚空蔵《こくうぞう》菩薩（アーカーシャガルバ）の名を唱え、阿弥陀如来あるいは文殊《もんじゅ》（マンジュシュリー）菩薩の密教的化身である大威徳明王《だいいとくみょうおう》の修法を行うよう命じた。歓子は仏像に付けられた糸を握りしめたまま西に向かって崩御した〔『拾遺往生伝』巻下〔一九〕三七四頁〕。大江音人卿《おおえのをとむと》（一一八四年没）は臨終にあたり、尊勝大仏頂陀羅尼《そんしょうだいぶっちょうだらに》を七度唱えた〔『続本朝往生伝』〔五〕二二八頁〕。

他の密教儀礼も臨終の場面で行われていた。一時、高野山の検校《けんぎょう》の職にあった阿闍梨維範《あじゃりゆいはん》（一〇九五年没）は、臨終の正念を確固たるものとするために、臨終に際して、弟子たちに密教の尊格である尊勝大仏頂を供養する護摩行をさせた〔『拾遺往生伝』巻上〔一一〕二九七頁〕[15]。真能《しんのう》（一〇九六年没）は臨終のときに、西に向かって念仏を唱える一方、弟子たちには理趣三昧《りしゅざんまい》を行じさせた〔『拾遺往生伝』巻下〔一三〕三六九頁〕(16)。往生伝には、他にも、臨終のときに崇拝の対象となる本尊《ほんぞん》として、阿弥陀像よりも密教の像を用いる事例がある。天台座主である延昌《えんしょう》（九六三年没）は、臨終に際して、阿弥陀と尊勝仏頂の像の両方を安置した〔『日本往生極楽記』〔一六〕二七～二八頁〕。同じ『日本往生極楽記』によれば、近江守《おうみのかみ》の妻であり、敬虔な念仏信仰者である伴《とも》家のある女性は、臨終の日に自分の座席を、おそらく臨終の本尊として安置していた胎蔵界《たいぞうかい》（ガルバダートゥ）曼荼羅《まんだら》の前に移したという〔『日本往生極楽記』〔三七〕三八～三九頁〕。比叡山の僧侶である阿闍梨延慶《えんきょう》（一〇七六年没）は、最後の観想に専念するために月輪《がちりん》を寝床に安置していた。とある無名の尼（年代不詳）は、如意輪観音《にょいりんかんのん》の絵を臨終の本尊として用い、虚空蔵菩薩の信奉者であり、熟達した密教行者である入道《にゅうどう》（在俗の僧侶）の明寂《みょうじゃく》（一一二四～一一二六年頃没）は、臨終のときに、大日如来の智慧《ちえ》を表すヴァン（vaṃ）という種子《しゅじ》を自身の近くに置いていた〔『続本朝往生伝』〔二七〕二四四～二四五頁、『三外往生伝』〔三七〕六七八頁、『高野山往生伝』〔七〕六九八頁〕。他の者たちは、阿弥陀よりむしろ大日如来と関係する印《いん》を手で結び臨終している。繰り返すが、ここでも顕教と密教の実践には何ら区別がなかったように思われる。往生伝が伝える人物たちは、単に臨終のときにそれらの実践を行い、各々が好む本尊を用いているだけであり、密教的なものを含んだ多岐にわたる儀礼や図像、修行法に関する要素は、往生という目的に問題なく溶け込んでいる。

ここまで挙げてきた事例すべてから考えれば、「密教行者」と「浄土信奉者」との間に定まった境界はない。つまり、この二つの分類は様々なレベルで、様々な方法で重なり合っているのである。定昭《じょうしょう》のような、年を重ねるにつれて往生という目的に向かってますます傾倒していった密教行者がいた一方で、二十五三昧会の僧たちのような、往生を確実に獲得するために密教儀礼で享受できる力を使う浄土信奉者を自認する者や、覚超のような、積極的に密教と浄土の両方、時にはそれ以外の思想や実践をも取り入れた者もいた。

第二節　密教的臨終の姿勢

しかしながら、往生伝のいくつかの記述と他の伝記が、往生の明白な証拠となる「理想的な死」を、浄土的というより、支配的あるいは独占的とさえいえるほど密教的に描き出すことを試みていることは明らかである。例えば、出雲《いずも》出身の僧の勢縁《せいえん》（一〇七四～一〇七七年頃没）は、両界曼荼羅《りょうかいまんだら》の儀礼を習得しており、直立に座って、大日如来の印を結び、五鈷杵《ごこしょ》という密教儀礼の道具を持ちながら死去するが、彼が浄土に行ったという記述はない｛『本朝新修往生伝』〈六〉六八四頁｝。同様の事例は、前述した高野山の行者たちの記述にも幾分か頻繁に見ることができる。以前仁和寺《にんなじ》におり、当時は高野山にいた僧の聖誉《しょうよ》（一一六七年没）は、千日の不動行法の九九九日目に、翌日には「密厳《みつごん》国土に生まれる」から、この日のうちにこの行すべてを終えたいと願った。ここで「密厳国土」とは、大日如来の

図5　両界曼荼羅図（右：胎蔵（界）曼荼羅、左：金剛界曼荼羅）

一切を遍満する悟りの世界であり、死後の行き先とされている（『高野山往生伝』〔一二〕七〇一頁）[17]。他の例では、能願《のうがん》（年代不詳）は日ごろ念仏と密教経典の『理趣経』を読誦し、臨終では西に向かって五色の糸を握っていたが、「心で三密の教えを観じた」とある（『高野山往生伝』〔三三〕七〇三頁）[18]。とりわけ興味を引く例が、高野山の行者の蓮待《れんたい》（一〇九八年没）である。彼は、『法華経』を日々読誦していたが、ある日、「〔阿弥陀の国土である〕極楽あるいは〔弥勒のいる〕兜率《とそつ》〔天〕に対するあなたの願いはどこに定まっているのか」と問われると、ひとつには「法界《ほっかい》は真《しん》如《にょ》であるから、何か特定の場を望む必要があろうか」と返答した。蓮待が死去した翌日、彼の弟子が夢で、空に広がった金剛界曼荼羅《こんごうかいまんだら》の中、無量寿如来（阿弥陀）の月輪には、西方因菩薩《さいほういんぼさつ》がいるはずの場所に蓮待が端座していたのを見たという〔『拾遺往生伝』巻上（一七）三〇五〜三〇六頁、『高野山往生伝』（四）六九七〜六九八頁〕[19]。この夢は阿弥陀が迎えに降りてくるときの紫の雲や妙なる音楽、異香《いこう》といった、平安期の著作に記録される、死者の往生を示すほとんどの夢に出る典型的な瑞相《ずいそう》ではなく、密教的イメージで描写されている。そのことは、死去した蓮待が実際に阿弥陀の国土、つまり遠い西方にある浄土ではなく、阿弥陀とその聖衆が大日如来から出生したものとして現れている金剛界曼荼羅の「浄土」にいることを示唆している。以上のような物語は、明確な教義解説を与えておらず、浄土の伝統を用いて、それを密教世界のなかで再構成しているのである。

非常に興味深い記述が、有名な詩僧である西行《さいぎょう》（一一一八〜一一九〇）の数ある伝説のひとつにあり、そこでは、臨終のときに見てとれる勝れた密教的な姿勢があることをはっきりと示している。西行は、臨終するのに適切な姿勢は何かとの問いに対し、「私の内的な悟り（内証《ないしょう》）を理解している弟子なら北を向いて臨終するであろうし、この内的な悟りが分からない弟子なら西を向いて臨終するであろう」と答えた。その後、西行は瞑想する姿勢で端座し、手で法界定印《ほっかいじょういん》を結び、北を向いて死んだ。弟子たちは悲しんで、「聖《ひじり》は常に西方国土（にある浄土に往生すること）を望んでおられたのに、北を向かれている。これは悪魔の仕業に違いない！」と互いに話し合って、西行の体を回して西を向くようにし、定印を崩して、浄土信奉者の典型的な臨終の姿勢である合掌の形に手を組み直した。その話ではそのような弟子たちの行動をばかげたものとして語っている。ただ同時に、西行が一見して念仏者のようであったが、実際は真言と天台の両密教の伝統の甚深な秘密を習得していたということを示している。だからこそ、西行は北を向いて「法界という三密の源泉に戻り」そして「中心も周辺もない、平穏で輝かしい内証と一致する」姿勢である法界定印を作ったのである〔『渓嵐拾葉集』大正蔵第七六巻七八一頁中〕[20]。この伝説は、密教行者である者だけが分かり、従来の顕教の臨終行儀の際にとる姿勢よりも勝れた「密教的な」臨終の姿勢をはっきりと伝えている。

第三節　密教的な臨終行儀のやり方

これまでに見てきた臨終行儀への密教的要素の適用の仕方というのは、理論的に発展したものではない。行者たちは、今世の死を媒介として輪廻から脱却すると同時に浄土に往生することと、まさにこの身体で悟りの境涯を実現するということとの間にある教義的な違いを、おおかた無視していた、あるいは少なくとも、明らかにその違いを気にしているということはなかった。臨終の修行や姿勢、往生の証拠となる瑞相を極めて密教的に描く勢縁《せいえん》や蓮待《れんたい》、西行《さいぎょう》の物語でさえも、理論的な説明というものはほとんどない。しかしながら、これは教義上の理論が二の次であるということを言っているのではない。一部の密教学者にとっては、往生と即身成仏の関係は明確にしなければならない問題であり、彼らは密教的な概念の枠組みの中で浄土思想を再解釈しようと必死であった。往生伝や他の平安期の浄土文学に代表的な「この汚れた世界を離れ、浄土に向かう（厭離穢土、欣求浄土）」という精神に対して、真言の学者たちは、浄土は心に内在しており、「往生」は死後の別世界への誕生ではなく、行者の仏との合一であると主張した。もちろん、彼らが浄土について不二の解釈を施した最初で最後の仏教徒では決してない[21]。彼らの特徴的な論点は、浄土の要素が身《しん》・口《く》・意《い》の三密の修行と融合したとすることにある。そして、理論的なレベルで浄土思想に密教的なあり方を見出したのに飽き足りず、密教的な解釈を明快に反映した臨終行儀の具体的な方法を生み出した。

しかし、まず、密教的な臨終行儀のやり方の事例を紹介する前に、密教の学者が用いている浄土のモデルについて端的に触れておこう。上述した通り、浄土に生まれることを目的とする臨終行儀が日本において正式に知れ渡ったのは、平常の時期、限った時間内に道場に入って集中的に修行するような特別な時期、そして死を臨む時期（尋常・別時・臨終）に分けて念仏修行について概説した源信《げんしん》の『往生要集《おうじょうようしゅう》』が最初であった。臨終行儀の章の冒頭で、源信は、唐の道宣《どうせん》（五九六〜六六七）が律について施した注釈書（『四分律行事鈔《しぶんりつぎょうじしょう》』）の「瞻病送終《せんびょうそうじゅう》篇」（病人を看取り、死人を送るという章）で取りあげる「中央の国土（インド）の伝承（中国本伝）」の一節を引用する。この「瞻病送終篇」については本論文集の第三章で篠原亨一《しのはらこういち》氏が議論している[二][22]。釈迦牟尼《しゃかむに》時代のインドの祇園精舎《ぎおんしょうじゃ》での慣習と

二　本論文集を収録する *The Buddhist Dead* 第三章一〇五〜一三三頁を参照（訳者注）。

して伝わるものによると、臨終が近づいている僧侶は、なじみのある身の回り品や衣、鉢、その他の所有物を見て執着の心が起こらないように無常院《むじょういん》という別の建物へと移され、そこで、仏の清浄《しょうじょう》な世界に向かって仏のあとに従うのだという思いを起こすため、仏像の手に結ばれた五色の幡《はた》を握らされる〔『四分律行事鈔』大正蔵第四〇巻一四四頁上、『往生要集』二〇六頁〕。篠原氏が述べるように、道宣の説明では、望む仏の世界の数はいくつでもよいことになっているが、源信はそれを明らかに阿弥陀の世界観のなかに収めている。例えば、臨終のときに人は西を向き、阿弥陀如来の来迎《らいごう》をありありと思い浮かべて、絶えず阿弥陀の名を唱えることをすすめた唐の善導《ぜんどう》（六一三〜六八一）〔『観念法門』大正蔵第四七巻二四頁中〜下〕や、浄土に生まれるための必要最低限として、阿弥陀に対する十念を臨終の者が遂行できるように手助けすることの重要性を強調した唐の道綽《どうしゃく》（五六二〜六四五）〔『安楽集』大正蔵第四七巻一一頁中、『往生要集』二〇八頁〕(23)のような、特に浄土の修行と関連する他の中国の先人たちを引いている。源信もまた、臨終の者に対して、阿弥陀の身体的な特質（瑞相《ずいそう》）やその煌々と輝く光明を、そして浄土に導くために、聖衆を従えた来迎をありありと思い浮かべることを奨励することを中心として、自身の見解を加えている。この「祇園精舎のモデル」を阿弥陀の国土に生まれるという願いと結びつけた臨終行儀は、二十五三昧会の規則にも規定されており、彼らが初めてそのような儀礼法を正式に日本で行った(24)。

第四節　実範――真言行者にとっての臨終行儀

源信の臨終行儀の解説は、似たような目的の他の書物に踏襲された。そのうち、現存する最古の事例に、『往生要集』の約半世紀後に書かれた実範《じっぱん》（じちはん、あるいはじつはんとも。一〇八九〜一一四四頃）の『病中修行記《びょうちゅうしゅぎょうき》』がある。実範は、奈良にある中ノ川《なかのかわ》成身院《じょうしんいん》の創建者であり、真言中川流の開祖として知られる。彼は、法相《ほっそう》と真言の教えに造詣が深く、戒律復興に尽力していたが、一時期、比叡山の横川《よかわ》で天台教義を学び、そこで天台の浄土思想に傾倒した(25)。実範は、浄土思想を密教の立場から解釈した最初期の人物のひとりである。実範が一一三四年の冬に病にかかった時に書いた『病中修行記』は、密教的な手法に基づく臨終行儀の方法を日本ではじめて紹介している〔『病中修行記』七八一〜七八五頁(26)〕。巻末で彼は次のように記している。

> このような儀式を行う方法は、個々人の性向によるべきである。私が上に述べてきたことは、もっぱら私自身のためにある。聖なる像を現して、〔死を迎える者に〕それを帰敬させて、〔像の手とつながっている〕色のついた幡を持たせるなどのことは、大乗経典に伝わる祇園精舎の伝統を示しているが、それらのしきたりは、時と場合によって変わっていくものであろうし、必ずしも強要する必要のあるものではない。〔『病中修行記』七八五頁〕

この記述は、源信が導入した臨終行儀の様式が、当時の寺院世界でよく知られていたことを物語る一方で、それが実範の第一の関心ではなかったということを示している。実範の興味は、いかに真言行者が臨終のときに修行を行うべきかということにあった。紙面の都合上、『病中修行記』の病中の心得八か条の詳細は省略することとし、実範の解説に特徴的な密教の要素について簡単に考察しよう。

臨終行儀に関するほとんどすべての文献が、臨終のときに正念を保つことを重要視する。篠原氏が本論文集で述べているように、[三]臨終まぎわの最後の瞬間の心は、仏教の世界を通して、その人の来世の運命に対して決定的な影響力を発揮すると考えられた。浄土経典の『観無量寿経《かんむりょうじゅきょう》』は、たとえ悪人であっても、臨終のときに十回連続で阿弥陀を念じ、阿弥陀の名を呼びかけることができれば、八十億劫《おくこう》の罪が取り除かれ、浄土に生まれると説く。しかしながら、同様の論理で、信心深い行者であっても臨終最後の瞬間に心がさまよっていると、生涯の実践で積んできた功徳が結果として無駄になり、悪道に落ちてしまうとも考えられた。このように、この臨終という時期に心を集中させる能力が重要であった。[27] 真言行者は不動明王を常に念じて、臨終のときに正念を得て菩提心を維持するために不動明王に頼るべきだと、実範は言う。不動明王は、守護者として密教に取り入れられた「智慧の王」（明王）のひとりである。しばしば怖い表情で描かれ、怒った顔で睨み、歯牙を出し、迷いを断つための剣と、煩悩を鎮めるための縄を持っている。「この明王の守護は、遠い仏果の獲得にさえつながる。明王は慈悲の誓願を立てているのに、間近にある臨終の〔行者を〕捨てるということがどうしてあろうか」（『病中修行記』七八二頁）と実範は記している。これは実範が最初に始めた方法なのか定かではないが、臨終に不動明王の守護に頼るということは、彼以降のほとんどすべての真言系の臨終行儀書が模範として受け継いでいくことになる。

源信の『往生要集』や他の臨終行儀の文献と同様、『病中修行記』は、臨終しつつある者は懺悔《さんげ》を行って、臨終のときに当人の正念を妨げる恐れのある様々な業の妨げを取り除くことを勧めている。死の直前に懺悔を行うことは、平安時代の日本に広くわたっていたようであり、法華懺法《ほっけせんぼう》のような様々な懺悔の方法を用いた(28)。実範は、特に、尊勝大仏頂《そんしょうだいぶっちょう》陀羅尼や光明真言、阿弥陀真言などの密教呪言の効果を勧めている。これまで見てきたように、一部の往生伝でも、業の妨げを取り除き、悪魔の働きを防ぐために、臨終のときに、念仏だけでなく、以上のような真言や他の呪言を唱えることを述べている。速水氏が指摘するように、そのような修行は、「浄土」と「密教」を教義的に必ずしも区別していない仏教の呪術的な言語力が広く承認されていたことを示している。しかしながら、実範は、それに対して、すべてのそのような真言の暗唱は、行者の身《しん》・口《く》・意《い》を仏の身・口・意と一体化させるための三密の修行の一部として実践すべきであると、極めて密教的な教義の説明を与えている。すなわち、行者は手で正しい印《いん》を結び（身）、口で当の真言あるいは陀羅尼を唱え（口）、その真言の本質が本不生《ほんぶしょう》を意味する阿（ア）という字であり、それがすべての罪を取り除くということを固く信

三　注二を参照（訳者注）

じて、その真言を心で念ずべきである（意）。あるいは、迷いの業は、諸条件（因縁《いんねん》）によって生じており、決まった実体を持つことがない、だから、本不生である法界とは切り離すことができないものであるという解脱の智慧をもたらす密教の教えに従って、真実のすがた（実相《じっそう》）を念じてもよい、と。(29)

次に、実範は、源信や中国の先人たちが提唱した阿弥陀と浄土の臨終行儀を密教的に説く。行者は自身の心を阿弥陀に向けなければならない。ここで、阿弥陀とは金剛界曼荼羅の「成身会《じょうじんね》」の五部のひとつ「蓮華部《れんげぶ》の尊」を指す。阿弥陀の国土については、「西方に国土がある。その名を極楽という」と述べる。ここで実範は十万億の仏土を離れた浄土ではなく、阿弥陀が住まう、金剛界曼荼羅の中心の西側にある蓮華部のことを指しているように思われる。(30)実範はさらに、この国土を極めて密教的な観点で説明する。例えば、国土は五大《ごだい》から成り、地面は七宝《しっぽう》から成る、といったものである。阿弥陀の種子であるフリーヒという字を加持することによって、その国土の水や、鳥、木、森すべてが説法を始める。仏の座の上には月輪があり、月輪の上には蓮華があり、その丸い蓮華の上に種子があり、その種子が姿を変えて本尊である阿弥陀仏の誓願を象徴するもの（三昧耶形《さんまやぎょう》）となり、阿弥陀自身となる。その阿弥陀の身体は、ガンジス川の砂の数、六十億那由他《なゆた》ほどの高さで、何由旬《ゆじゅん》もあり、八万四千に及ぶ特徴を備え、それぞれが八万四千の素晴らしい特質を有し、さらにそのそれぞれが八万四千の光を放っている。阿弥陀の法身《ほっしん》は、四つの側面を持ち、その国土も同様である。その超人的な力（神通力《じんずうりき》）を使って色々な方法で様々な人間の能力に合わせて様々にすがたを現すが、そのすがたの本質は変わっていない。つまり、実範が勧める阿弥陀の観想とは、行者を彼方の浄土に迎え連れて行くような外的な救済者を観念することではなく、図像的なイメージを思い浮かべて内在化し、順に変化させる、自己と仏の合一を実現する方法としての、密教的な観想術である。実範はこのことをかなり明白な形で述べている。

単一で広大な法界《ほっかい》に差別はないから、この仏が間違いなく自分の心であるとはっきりと知るべきである。今、私たち自身の心である仏を念じるとき、仏の国土もまた私たちの心であるということも知るべきである。実に、私たちは私たちの心にほかならないその〔浄〕土に生まれるであろう。念じる者と念じる対象、生まれる者とその者が生まれた場所は、単一で広大な法界と別なものではありえない。〔『病中修行記』第六、七八三〜七八四頁〕

実範は、自身の観法の解説を続けて、行者は阿弥陀の眉間に種子フーン（hūṃ）の字をありありと思い浮かべ、またそれが白い巻毛（ウールナー、白毫《びゃくごう》）という身体の特徴に変化し、右に回転して須《しゅ》弥山《みせん》五つ分ほどの大きさになり、八万四千の光を放っているという思いを起こすべきである、と述べる。源信も、『往生要集』において、阿弥陀の眉間にある白毫からきらきらと光り輝いて行者たちを包み込み、罪を取り除くこと、自身の臨終に集中する正念を保つこと、そして浄土への往生を遂げることを可能にする光をありありと思い浮かべることを強調している(31)。一方で実範は、白毫を種子フーンがすがたを変えたものとしてありありと思い浮かべるということだけでなく、白毫が阿弥陀の四つの離すことのできない曼荼羅（四種曼荼羅）を備えたものであると述べる。つまり、その純白な色が大曼荼羅《だいまんだら》に当たり、その利益を表示するすがたが三昧耶曼荼羅《さんまやまんだら》に当たり、それ（白毫）が行動規範となって生み出す智慧が法曼荼羅《ほうまんだら》に当たり、一切衆生《しゅじょう》を包むその光が羯磨曼荼羅《かつままんだら》に当たる（『病中修行記』第七、七八四頁）(32)。実範は、この白毫から放たれ、信仰者たちを包み込む光の意味を述べる中で、同じ問題をいくらか詳細に扱っている唐の善導の『観無量寿経』の注釈に注目する（『観無量寿仏経疏』大正蔵第三七巻二六八頁上）(33)。しかし、大谷旭雄《おおたにてるお》氏が指摘するように、実範は、善導が注釈で述べるような、超世間的な仏と救済の対象である迷える衆生《しゅじょう》との二元的な対比を示す表現を省いている。つまり、浄土論師としての善導の権威を、仏と衆生が不二であるという浄土教の密教的解釈のなかに織り交ぜている(34)。最終的に実範は、行者は自身の心と究極的に同一である本尊（阿弥陀）の放つ光に包まれ、またその光によって悟りを起こすように願うべきだと述べている。

実範のとりわけ新たな解釈は、臨終の念仏を、身《しん》・口《く》・意《い》の修行によって仏と合一する三密の修行（三密加持《さんみつかじ》）の一種として再定義することである。源信が『往生要集』で念仏修行のためにしたように、実範も同様に三密修行を三つの場合に分けて説明し、特にアの種子を観想する（阿字観《あじかん》）という密教の基本的な修行に専念した。梵語の初めの文字である阿（ア、a）は「本来的に不生であること」

（アーディアヌトパーダ、本不生《ほんぷしょう》）を表しているとされ、それは諸存在の真実なる性質である[35]。まず、実範が施した一つ目の方法は、日常のための伝統的な三密修行である。その内容は、行者が本尊に対応する印を結び、それに対応する真言を唱え、そして、その真言が、空《くう》・有《う》・本不生という、種子アの持つ互いに切り離すことのできない三つの意味を具現化したものであると念じることである。その三つは本尊の法身《ほっしん》を構成し、行者の心と同一である。「不可思議の空のゆえに、行者が造った業の妨げが密教の教えの通りに消滅する。不可思議の有のゆえに、行者が望む浄土往生が願った通りに実現する。「不生」というのが中道である。そして、中道のゆえに、業の妨げも浄土も定まったあり方はない」と述べる〔『病中修行記』第八、七八四頁〕[36]。二つ目の方法は、余剰の時間があるときや、身体的に貧弱であるときに行う三密修行であり、念仏を阿字観と融合することから始まる。ここで、行者の敬意を込めた姿勢が「身密」となり、この視点から見れば、すべての身のこなしが印《いん》である。阿弥陀の名を唱えることが「口密」を表し、これに基づいたすべての言葉と語りが真言である。「意密」は、この阿弥陀の名の意味を句全体（句義《くぎ》）として、かつ、三つのそれぞれの音節（字義《じぎ》。阿・弥・陀）として念じることである。句全体としては、意密はアムリタ（甘露《かんろ》）を指し、仏がすべての罪や煩悩から解放されて、寂静なる涅槃に到り、仏の名を念ずる一切衆生を仏自身と一体にすることを意味する。それぞれの音節としては、「阿弥陀」という名の三文字を、空・有・本不生という種子アの持つ三つの根本的な密教的意味と同値とする。「阿」は中道たる本不生を指し、「弥」は無我である、完全な自由を享受する大我《たいが》を指し、「陀」は真如と瞬間ごとに一致する解脱を指す(37)。そして三つ目の方法は、臨終のための三密修行であり、実範が既に概説したことをかなり簡略化したものである。すなわち、本尊（阿弥陀）の印を結び、阿弥陀の名を唱え、一心に中道の万徳に帰依すべきであると述べる。ここでは、観想や思念の要素が著しく単純化され、口唱の要素がより重要視されている。実範が行った、臨終行儀の場面における念仏と密教の阿字観との統合は、覚鑁《かくばん》や道範《どうはん》などの後の真言行者だけでなく、他の仏教諸派の師たちによっても受け継がれ、発展していくことになる(38)。

実範の浄土思想は時間をかけて発展しており、『病中修行記』は浄土に関する実範の最終的な思想を反映していないかもしれない。いくつかの資料によると、上で述べた密教行者のように、実範は晩年に、阿弥陀の世界に往生したいと、自身の死後の望みを考えていた可能性があるようであるが(39)、当の著作において、臨終に際してすべき修行は、実質的には密教儀礼の力で阿弥陀仏との合一を通して即身成仏を実現する三密修行である。『病中修行記』において、実範は浄土を顕教的に理解することを明白には否定せず、阿弥陀と、真言の法身仏《ほっしんぶつ》たる大日如来との関係も明確にしていないため、また、善導や源信の著作のような顕教の文献も広範囲にわたって利用しているため、『病中修行記』が天台思想にかなり影響され、真言の正統義に十分に沿ったものでないと批判する密教学者もいる(40)。しかしながら、そのような批判には、『病中修行記』がいかに徹底して阿弥陀関係のイメージや観想、臨終の念仏といった浄土の要素を、密教の三密修行の不二なる概念構造に適用しているかという視点が欠落している。

臨終のときに即身成仏を実現すると語るのは、現代の感覚にそぐわないものに思われるかもしれない。身体が滅びようとしているのに、「まさにこの身体で悟りの境涯を実現する」とは一体何を意味するのであろうか。しかし、即身成仏（またはそれにまつわる儀礼）が純粋に「現世的な」信念を意味してしかるべきだと考えることは間違いであろう。この即身成仏という目標が臨終のとき、あるいは、その後でさえも実現するということを示唆しているのは、実範の『病中修行記』だけではないからである。(41) 実範のような平安時代の密教の思想家たちは、即身成仏と往生との区別を、それぞれが現世で獲得できるか、もしくは来世で獲得できるかのどちらかに限定しておらず、他の観点からより有益に理解している。密教の立場では、浄土に「行く」という観念が、二元的なものとして容易に片付けることのできるものであるのに対して、臨終において即身成仏を実現するという考えの方が、理想の死を密教教義の不二の立場と融合させているという点で往生よりももちろん勝れたものと考えていたであろう。さらに、即身成仏は完全な仏の境涯を表す一方、往生は重要な達成ではあるとしても、仏果の獲得までの単なる一つの段階にすぎなかった。しかし、より重要なことには、今の身体を捨ててこの世のものとは思えない身体を受け取って初めて獲得される浄土への往生とは違って、即身成仏は、この身体、つまり、両親から生まれたこの肉体で成し遂げることのできる境地だったのかもしれない。一部の密教行者を自認する者たちにとって、即身成仏を人生の最後の瞬間に達成すべき目標とすることは、往生の思想に内在するより「精神的な」観念とは反対に、密教修行や悟りの肉体的な、身体的な性格を再び強調することを表していたのかもしれないと想像するのである。

第五節　覚鑁——密教儀礼としての臨終行儀

次に重要な臨終行儀に関するマニュアル本は、覚鑁《かくばん》（一〇九五～一一四三）の『一期大要秘密集《いちごたいようひみつしゅう》』である。(42) 覚鑁は真言宗の大伝法院《だいでんぽういん》流の創始者であり、空海の教えを体系化した。覚鑁とその弟子たちは高野山・金剛峯寺の僧たちと対立していたため、高野山を去り、根来山《ねごろさん》に拠点を置いた。その分立は後に新義真言《しんぎしんごん》として知られることになる。(43) 覚鑁は、おそらく空海に次ぐ最も重要な真言宗の思想家であり、真言教義の立場から浄土の要素を解釈する「秘密念仏」として後に知られるようになった密教思想の系統が展開していくなかで鍵となる人物である。九か条からなる『一期大要秘密集』は、明らかに実範の『病中修行記』の影響を受けており、文章をそのまま借用するほどである。(44) このことから『病中修行記』が書かれた一一三四年から覚鑁の死去した一一四三年までの晩年期に覚鑁がこの著作を執筆していたことが分かる。しかしながら、覚鑁の視点は、重要な点で実範のものとは異なっている。

『一期大要秘密集』の序文では、悪人でさえも輪廻を脱する可能性のある臨終の瞬間の重要性、そして、その時に正念を保つようにする密教儀礼の効果を強調して以下のように述べる。

九つの階位（九品《くほん》）のうちのいずれかにおいて浄土に生まれることは、最後の瞬間に正念を保っているかによる。成仏を求める者は、この態度を心得るべきである。……最後の瞬間のために以上の手順を踏むことで、戒を犯した僧や尼僧さえも必ず浄土に生まれることができ、悪業をなした在家の男女も必ず極楽〔の国土〕に生まれるであろう。智慧を備え、戒を守っている〔僧や尼僧〕、あるいは、功徳を積んだ男女は言うまでもない。これが真言の秘密修法の究極である。これを疑うことなく、深く信ぜよ。〔『一期大要秘密集』一一九七頁／一五七頁〕(45)

実範と同様に、覚鑁も臨終のときに業の妨げを取り除くものとして真言や陀羅尼の有用性を強調しており、また、阿字観あるいはそれと密接に関係する月輪観のいずれかに基づいた三密修行の種類として臨終修行を取り入れている。覚鑁はこれらの観想を「二にして二ならざるもの」と考え、自身の思想や修行のなかで阿字観と月輪観をしばしば混ぜ合わせている(46)。これについて覚鑁は、この観想によって行者がサマーディボーディチッタ（三摩地菩提心《さんまじぼだいしん》）を起こすことができ、そこで三密修行を完成して、大日如来との一体化を実現すると述べる〔『一期大要秘密集』一二〇一～一二一三頁／一六〇～一七二頁〕(47)。「もし〔臨終を迎えつつある者が〕本尊にふさわしい印を結び、真言念仏によって仏を観想

図6　根来寺

し、怠らずに三密を行うならば、そのこと自体が浄土に生まれることの確かなしるしである」〔『一期大要秘密集』一二一五頁／一七三頁〕(48)

実範の『病中修行記』が、いかに真言行者が臨終のときに修行すべきかを特に問題として述べているのに対して、覚鑁は、さらに真言行者がその瞬間にいかに儀礼を通して死を迎える者を手助けすべきかを強調している。覚鑁の解説の大部分が、臨終の者ではなく、善知識《ぜんちしき》（カルヤーナミトラ。善友、あるいは仏道へと教導する師）に向けて書かれている。ここで、善知識とは、臨終の場に同行しており、そこで臨終行儀を補佐する、儀礼に熟達した者たちを指す。実際に『一期大要秘密集』は、貴族の施主たちのために密教行者が行う密教修法を臨終行儀に織り込んでいる。

覚鑁はその当時まで一般的であった、源信が導入した臨終行儀を踏襲する。臨終を迎えている者を別の部屋あるいは建物（無常院《むじょういん》）に隔離して、たいていの場合は臨終の者が本尊《ほんぞん》としている仏像を安置し、焼香する。そして、酒を飲み、肉、刺激の強い五種の野菜（五辛《ごしん》）を食している者は遠ざける、などをする。(49)覚鑁は、その善知識の役割や資格をかなり明確化し、臨終の者は前もってそうした何人かの善知識に頼んで、臨終行儀の補助をお願いしておく重要性を述べる。一人目の善知識は「ぜひとも仏道に熱意のある智慧ある者」であるのがよく、臨終の者はその善知識が観音菩薩となって浄土まで導くためにやって来たのだと思念すべきである。この善知識は臨終の者の西よりの南側、だいたいへそに沿ったところに座る。そして臨終の者の顔に目を固定し、慈悲の守護という心に住して、臨終者に合わせて唱える。二人目の善知識は、「長い経験の持ち主、修行を積んでいる者」がよく、臨終者の向こう側の頭のあたり、すなわち、東よりの北側に三尺ほどの距離を空けて座る。この善知識の役割は臨終者の集中を妨げる恐れのある悪魔の攻撃や他の害のある影響を鎮めるために不動明王の真言を唱えることである。三人目の善知識は、空間があれば北に、そうでなければ別の適切な場所におり、称名《しょうみょう》の歩調を合わせるために鐘を鳴らす。さらにあと二人が必要な時に対処するためにそばにいるとよい。称名がある特定の曲調のリズム（合殺《がっさつ》）になると、四人すべてが同じ音の調子で一緒に唱える。「これが五智《ごち》の悟りを求める者のための臨終の儀式である」と覚鑁は言う。つまり、臨終の局面が曼荼羅の構造をしている。臨終者の手助けをしている四人の善知識がその臨終者を中心にその周りにいることで、臨終者を、中心にある大日如来の位置に置き、皆で五智如来の配置を再現しているのである〔『一期大要秘密集』一二一四〜一二一六頁／一七三頁(50)〕。

覚鑁による臨終行儀の解説は、臨終を迎える人たちが痛みで苦しんでいたり、精神的に混乱状態にあったり、時には意識不明でさえあったりし、それゆえに正念を保つことができない場合にいかにして救われるかについて明瞭に扱った最初のものである。もし、病人が極度の痛みで正気を失っているならば、その者の両手の掌を合わさせて、仏像に向かわせるべきだと覚鑁は言う。病人は、命がまだ続いていたとしても、熱にうなされた睡眠や呼吸をほとんどしていない状態に陥ることもあるであろう。そのような時には、善知識は病人の呼吸をしっかりと見て、自分たちの呼吸をその人の呼吸に合わせ、一日、二日、七日と、死の時がやってくるまで、必要な限り、息を吐くときに同音《どうおん》で念仏を唱えて、一瞬たりとも臨終の者を見捨ててはならない。「臨終行儀は、必ずその人の出る息で終わる。最後の呼吸に備え、同音で念仏を唱えるべきである」と覚鑁は注意する。このようにして、臨終を迎える者は、罪から逃れ、浄土に往生できるのである。なぜならば、臨終者の呼吸が止まったとしても、周りにいる善知識たちがその者のために念仏を唱えるのであり、阿弥陀の本願は、彼らが阿弥陀の名を呼ぶことに絶対に答えるに違いないからである。さらに、善知識は、皆で息を吐くときに唱える念仏が、ナ（na）・モー（mo）・ア（a）・ミ（mi）・ター（tā）・ブフ（buḥ）の六つの悉曇文字となり、臨終者が息を吸うときにその六文字が臨終者の口の中に入り、六つの日輪にすがたを変え、その輝きで六つの感覚器官から生じる罪の妨げである暗闇を取り除くことをありありと思い浮かべるべきである〔『一期大要秘密集』一二一六～一二一七頁／一七三～一七四頁〕。これは、覚鑁の密教的な日想観《にっそうかん》の理解を反映している。日想観とは、『観無量寿経』が説く阿弥陀の浄土への往生を目指す十六観のうちのひとつめである〔『観無量寿経』大正蔵第一二巻三四一頁下～三四二頁上〕。このような念仏と密教的な呼吸瞑想の統合は、覚鑁が始めたものと思われる。[51] 他の著作において、覚鑁は本不生の阿の文字と同一である阿弥陀を生命の呼吸そのものだと解釈している。息を吐くたびに、阿弥陀に「命を返す」（帰命《きみょう》。「南無」、梵語の「ナモー」の漢訳）という意味である。このことを意識すると、呼吸という行為自体が不断念仏となるのである。この考えが、後代の密教的な念仏理解に影響を与え、真言界を越えて広がることになる。[52]

覚鑁はさらに、万が一、死が不吉な兆候を伴う場合には、善知識による儀礼の力の介入が必要だという。これについて、臨終者が地獄に堕ちる十五の兆候（悲しみに暮れて声を上げて泣く、涙を流しながら嗚咽する、意識なく排尿・排便する、目を開けるのを嫌がる、口が臭い、うつ伏せになって横になるなど）、餓鬼界に堕ちる八つの兆候（高熱、飢えやのどの渇きなど）、そして畜生界に堕ちる可能性を示す五つの兆候（手足をひねる、泡を吹く、体全体から汗をかくなど）を挙げる中国の密教経典『守護国界主陀羅尼《しゅごこっかいしゅだらに》経《きょう》』の一節に着目している〔『守護国界主陀羅尼経』大正蔵第一九巻五七四頁上〕。それぞれの身体的な反応の分類ごとに、覚鑁はどのような儀礼をその対策として行うべきかを規定する。例えば、臨終して間もない者に地獄に堕ちる兆候が見られた場合には、善知識はすぐさま仏眼《ぶつげん》、金輪《こんりん》、聖観音《しょうかんのん》、地蔵のいずれかの儀礼を行うか、あるいは儀礼の本尊の絵像や木像を作って供養する。あるいは、臨終した者を地獄の痛みから救うことに特に効果がある、『理趣経』を読む、五十三仏の名、宝篋印陀羅尼《ほうきょういんだらに》、尊勝大仏頂陀羅尼、光明真言を唱える、宝楼閣《ほうろうかく》の法を行う、『華厳経《けごんぎょう》』の「菩薩説偈品《ぼさつせつげぼん》」または『法華経』を読誦するなどをする。以上のように、覚鑁は、単に臨終の瞬間だけに関心を寄せているだけでなく、その関心は死後の儀礼の領域にまで展開している。覚鑁の『一期大要秘密集』により、臨終行儀は、もはや単に臨終者個人の修行・正念だけの問題ではなくなり、施主（臨終者）のために善知識が行う儀礼となった。真言系の臨終行儀に特有の儀礼手順の発達は、実範や覚鑁では止まらず、中世を通して続いた。最終的に、そのような儀礼は葬儀手順にまで拡大していった(53)。

第六節　二重の論理

覚鑁は、臨終行儀を儀礼として新たに進展させただけでなく、独自の密教的な立場からその理論的な側面をも発展させ、浄土に対する顕教的理解と密教的理解の差異を明確にそして階層的に明らかにした。例えば、密教大成者である善無畏《ぜんむい》（シュバーカラシンハ、六三七～七三五）の見解を次のようにまとめる。

顕教の教えでは、極楽〔の国土〕は西に十万億の〔世界を〕離れたところにある仏国土であるという。その仏とは〔阿〕弥陀であり、法蔵《ほうぞう》（ダルマカーラ）という名の僧として修行をし、悟りの果を実現した者である。一方、密教の教えでは、十方の浄土はすべて単一の仏国土であり、すべての如来は単一の仏の身体であるという(54)。

それに対して、覚鑁は次のように加える。

この娑婆《しゃば》世界以外に、観念する極楽の国土はない。その極楽が十万億の国土も隔てていることがどうしてあろうか。また、大日如来以外に、別の阿弥陀〔仏〕はない。……阿弥陀は大日如来の智慧としてのはたらきであり、大日如来は阿弥陀の本体である。……このように観察すれば、娑婆世界を離れることなく、直ちに極楽〔の浄土〕に生まれる。我が身は阿弥陀に入り、阿弥陀はすがたを変えずに大日如来となる。我が身は大日如来から生じる。これが即身成仏のための絶妙な観察である〔『一期大要秘密集』一二二四頁／一七二二頁〕。

『一期大要秘密集』は、阿弥陀を大日如来の一面と定義する点、数々の密教文献を用いる点、そして、西に浄土が別にあるという考えをはっきりと否定する点で、真言宗の密教学者などの間では、しばしば実範の『病中修行記』よりも「正統的な」密教の立場を表明していると考えられている(55)。あるいは、実範の臨終行儀が「即身成仏を目指した阿弥陀の一尊法」（単一の尊格を用いる行法）を特徴とし、そこでは「往生と即身成仏との統合の試みがない」のに対し、覚鑁は、密教と浄土の要素の真の統合をもたらしたと言われることもある。[56] 以上のような両著作の階層的な評価は別として、両者の観点に違いがあることは否定できない。すなわち、実範は臨終行儀と、阿弥陀仏との一体化を実現するための三密とを完全に融合したが、覚鑁は同じ不二の観点を捨てずに、「浄土に行く」という考えを少なくとも事実的なこととして扱っているということである。皮肉なことに、しばしば覚鑁の『一期大要秘密集』の方が実範の『病中修行記』よりも真言教義の正統性を貫いているとされるが、実は『一期大要秘密集』には『病中修行記』よりも、この世界から離れた彼方の世界としての浄土の思想が埋め込まれているのである。

　覚鑁は、この二つの異なる救済的な目的を認めることで、実際に、『一期大要秘密集』を通して一貫した二重の論理を生み出している。『一期大要秘密集』は、一方で仏や浄土が行者と不可分であることを強調し、この不二を観察することによって、「娑婆世界を離れることなく、直ちに極楽〔浄土〕に生まれる」というが、もう一方で、輪廻を脱却し、「九品《くほん》のうちのいずれかにおいて浄土に生まれること」を実現することをその序文で約束しているし、また善知識に対する儀礼の解説は明らかに臨終者をこの世から望ましい死後の世界へと安全に送ることを目的としている。この二つの考え方の間にある揺らぎは、能力の異なる行者たちがどの段階に到達するかについて述べている箇所にも見てとれる。例えば、阿字観の功徳を述べる際に、覚鑁は「浅い観察で、限られた修行しか積んでいない者は、今ある身体を捨てることなく、極楽浄土の最も高い位（上品上生）に生まれるであろうし、深く観察し、精進する者は、今ある心を変えることなく、一切を遍満する密厳〔世界〕の大日如来となる」と記しているが、「他の修行を行わず、この観察だけを頼りとすることで、あまり能力のない怠慢な者〔であっても〕来世に往生するという大願を果たすことができるし、能力の高い勤勉な者は即身成仏を成就（シッディ）するだろう」とも言っている（『一期大要秘密集』一二一頁、一二三頁／一六九～一七〇頁、一七一頁）。この両方の文章とも、浄土に生まれるという目標と、自身の内にある悟りの境涯を直接体得するということを明確に階層化しているものの、両者を阿字観という同じ修行の中に組み込んでいる。しかし、それでも齟齬は解消されないままである。「今ある身体を捨てることなく」往生を遂げることは、「往生」がたとえ劣ったものであれ、今世の限りにおいて実現すべき到達点と考えられる一方、「来世において往生するという大願を果たすこと」は、明らかに死後の目標を指している。

このような差異は、近世以降、真言の注釈家たちを数世代にわたって悩ませてきた。彼らは、覚鑁が離れた場所にある浄土に生まれることを一応の目標としてある意味認めていたのではないか、あるいは、成仏には劣るとも、この今ある身体で実現すべき到達点を指すために、究極的には不二の意味で往生という言葉を用いたのではないかなどと議論を広げた。多少の異論はあれ、現在の密教学者たちの見解では、『一期大要秘密集』は不二なる即身成仏の立場で「来世において往生すること」を約束しているのであって、覚鑁が実際に死後に別世界に生まれることを意図していたかもしれないという可能性を考えることにはかなり消極的である。例えば、往生をひとつの「方便」、すなわち、当時普及していた浄土信仰に対する一応の譲歩と理解する、あるいは即身成仏に到る途中の段階として、一切を遍満する、大日如来の「密厳国土」に「生まれること」と解釈するなどである。(57)一方で、そのような可能性を想定することで、『一期大要秘密集』内の齟齬を解消できるという利点もある。実際に、「矛盾の融和」（会釈《えしゃく》、会通《えつう》）は、従来より、注釈者たちの主な課題とされてきた。にもかかわらず、密教教義の正統性に従った場合、それは『一期大要秘密集』に対するたった一通りの解釈法にすぎず、この著作の非一貫性を認め、さらにその非一貫性それ自体を一つの解釈法として理解して読むことも可能である。このような観点から見れば、『一期大要秘密集』は、浄土に行くこと（往生）とまさにこの身体で悟りの境涯を実現すること（即身成仏）の二つの要素を、会通したり、一方を他方の中に組み込もうとしたりしているのではなく、動的な緊張関係のなかで両者をまとめている。すなわち、浄土という別の場所に生まれるという考えを否定しながらも同時に、その浄土への往生を達成するための最も効果的な儀礼法を提示していると考えることができる。おそらく『一期大要秘密集』は、臨終に際して必要な特殊儀礼について述べているから、少なくともこの著作で覚鑁は、不二という真言の正統説を忠実に維持しながらも、死は浄土に生まれるか悪道に落ちるかという両方の可能性を孕む別世界への転換であり、それは的確な瞑術や儀礼の技術、特に密教のような勝れた儀礼術に

よってどうにか上手く切り抜けることができうるものだという考えは捨てていなかったようである。(58)

その二つの考え方の間にある似たような揺らぎは、時代がやや下った、密教家である道範《どうはん》（一一七八～一二五二）の臨終行儀に関する著作『臨終用心事《りんじゅうようじんのこと》』にも窺える〔『臨終用心事』七九二～七九五頁〕。(59)道範は、実範や覚鑁と同様に、行者の臨終時には、何らかの形で不二を観察することを中心とした三密の修行を勧めている。

諸条件（因縁《いんねん》）によって生じる存在としての阿（ア、a）字は、生に当たる。不生たる空としての阿字は、死に当たる。そのように、ある場所に死に、別の場所に生まれることは阿字に他ならない。……だから、ヴァイローチャナ（大日如来）は、この阿の一字を自身の真言としているのである。……生と死は、因縁によって生滅変化している六大《ろくだい》がすがたを変えたものに他ならない。埋められて、塵となり、阿字の大地の元素と変わりない。燃えて、煙となり、羅（ラ、ra）字の智慧の炎と等しい。六大が本質的に変化しないことを観察すると、もはや生起と消滅はなくなり、ただ生まれながらにして内にある仏の本性たる四つの曼荼羅のみがある〔『臨終用心事』七九三頁〕。(60)

しかし、同時に道範は、行者に対して、臨終のときに、真言宗の開祖である空海像の前で一礼し、極楽浄土に到達するために空海のご加護を受けたいと懇願することも勧める〔『臨終用心事』七九二頁〕。

ここでも、我々は緊張状態、すなわち二重の論理を見ることができる。つまり、儀礼によってコントロールされた現在世から浄土への移行と、浄土のような別にある存在を否定すべき不二の形而上学の観点という両方の面から臨終行儀を捉えることができる。以上のように、平安期の仏教徒の死の捉え方を支配していた浄土という概念的な枠組みは、浄土に生まれるための臨終行儀が密教的な儀礼となったことと、生まれる目的地としての浄土が不二という密教的観点から再び捉えられるようになったという二点で、密教の性格によって再解釈されるようになっていった。(61)

第七節　少数派の見解

実範と覚鑁の考えは異なるが、両者ともに浄土を望むこと（「浄土」をどう定義するかは別として）や臨終行儀を密教の不二の思想と共存できるものと考えていた。彼らとはかなり異なる見解が、真言宗の師、南勝房《なんしょうぼう》覚海《かくかい》（一一四二〜一二二三）の教えを記録した短編の仮名混じりで書かれた説法の類い（法語）である『覚海《かくかい》法橋《ほっきょう》法語《ほうご》』に見られる。(62) 覚海は、一二一七年より一二二〇年まで、高野山の金剛峯寺の第三十七世検校《けんぎょう》であった。覚海は、先述した道範などの多くの有能な弟子を携えていたが、覚海自身の詳細はほとんど知られていない。現存するたったひとつの著作『覚海法橋法語』において、覚海は、個々の浄土を望むことも、正式な臨終行儀も、全宇宙は大日如来の世界であるという洞察と根本的に矛盾するとして否定する。

覚海は、冒頭で「この〔真言の〕教えに従って、この上ない菩提（ボーディ）を獲得したいと本当に望む者は、どこに生まれるのか、あるいはどんなかたちをして生まれるのかなど全く考えない」と述べる。というのも、これは、本不生という諸存在の性質に目覚めた者にとって、すべての場所が大日如来の密厳道場たる浄土であるからである。覚海は、この観点から、願いの対象を特定の死後の世界に定めること自体が迷いであると述べている。

諸存在の生滅を徹底して観察すれば、一方的に〔弥勒のいる〕兜率天《とそつてん》に執着することもないし、〔阿弥陀の国土である〕極楽に執着することもない。……もし、単に心を浄化すれば、たとえ龍や夜叉《やしゃ》などの〔低級の〕生き物に生まれ変わるとしても、苦しみを感じることはないであろう。……人間という形態に対する偏愛と他の生き物のおかしな形態に対する偏見は理解力の欠如によるものである。どんなかたちで生まれ変わろうとも、苦しみに苛まれることはない（『覚海法橋法語』五七頁）(63)。

このような立場を取ることで、覚海は儀礼を主導する善知識がある者の臨終に同行することを含め、来世への移行を儀礼によって操って導くための正式な臨終行儀の伝統をも否定する。そして、以下のように続ける。

臨終の瞬間には、どのような印を結ぶべきかも私は考えない。大事であるのは、〔行住坐臥《ぎょうじゅうざが》という〕四つのどの姿勢をとっていても、〔正念に〕とどまることである。どのような行動が三昧《さんまい》ではないのか。瞬間瞬間に思うこと、一々に思うことすべてが成就（シッディ、悉地《しっじ》）の観想（観念）であり、真言である。……行者は呼吸をするたびに阿字を唱え、心のなかで〔一切のものは〕因縁によって生じるという実相を観念すべきである。我々の最後の瞬間は、他人には知られないことであるので、また善友（善知識）さえも手助けできない。自己と他者の心は別であるから、たとえ同じ観念を行ったとしても、さすがに他者の心は自己の心と合致しないであろう。……五智房《ごちぼう》のような〔隠遁〕者と同じように、他の誰にも最期を知られずに正念にとどまって死ぬことは非常に素晴らしいことだと思う（『覚海法橋法語』五七頁）[64]。

単にこの文章だけをみると、覚海は、死を、特別な儀礼法の介入を必要とする、特有の危険と好機の両方を孕んだ大事な転換点とは考えていないようである。人生を通してそうであるように、臨終の瞬間に行う場合にも、一切のものが不二であり、因縁によって生滅することを単に観念することで十分だと考えている。実際、『覚海法橋法語』の立場では、願いの対象をどこか特定の世界に定めることは、迷いの現れであり、すべての場所やものが大日如来の密厳道場と不可分にあるということを知らない無知を露呈するものである。

では、『覚海法橋法語』が死後の目標地という特定の願いと正式な臨終行儀の必要性を否定したのには、何らかの論争の背景があったのか。それとも、それは覚海の中にある個人的な確信から生まれた発言であったのか。実際に覚海は臨終のときにそれを行ったのか。信頼できる伝記がないため、この『覚海法橋法語』を彼の大きな思想体系の中にどのように位置づけるかは難しい[65]。いずれにせよ、この著作が他と異なる点は、十分に共通していた教義的立場である、内在している浄土を述べることではなく、むしろその内在の浄土という観点の意味合いを、死後の目標地として浄土を望むこと、そしてそれを達成するための儀礼化した臨終行儀の両方を否定するまで範囲を広げたことにある。この点で、『覚海法橋法語』は論理的に一貫していると同時に異例である。

結語

これまで見てきたように、平安時代において、密教的要素は、たいていの場合は理論的に説明されることもなく、浄土への往生を目的とした実践の中に、自由にそして様々なかたちで組み込まれた。浄土信奉者を自認する多くの者たちが、臨終行儀やその他の死後に備えた実践において、密教の修法・真言・図像などを用いた。そして密教の儀礼や観想に長けた者たちでさえも、しばしば阿弥陀の浄土に生まれることを死後の望みとしていた。このことは、彼らが教義とは無関係に修行を行っていたというよりも、教義というものをどのように用いていたのかについて我々の理解が不十分である可能性を示唆している。近現代の密教研究の影響を受けて、教義体系が、前近代の宗派分類の透過的、流動的な性格をしばしば歪曲するような、固定的なカテゴリーで定義されるようになった。特に、「来世的」あるいは「現世を否定する」とされた浄土の伝統の対極に位置付けて、密教を「現世的」あるいは「現世肯定的」と表現することには問題がある。密教修行の功徳として浄土への往生が約束されることは、空海の教えでは強調されていないが、多くの密教経典や儀礼本に取りあげられ、日本では、アジア大陸と同様、往生はあらゆる学派や系統の垣根を越えてすべてに通じる目標を表していた。

即身成仏のような仏果を直接獲得することよりも、往生の方が救済的な目標として特に支配的になったことについては、別稿が必要であろう。その理由として、行者の大多数が成仏という究極的な獲得を自身の能力では成し得ないものと考えていたことが想像できるかもしれない。さらに、即身成仏の教理は、洗練された大乗の不二の原理を基礎としているにもかかわらず、死後に「どうなるか」についてははっきりとした説明を下していないがために、自身の死や身近な関係者の死に直面する時に、感情さらには認識上の観点でさえも、不十分であったかもしれないということも考えられよう。阿弥陀の極楽浄土に往生する物語は、この点で、死後の願いを概念化するのにより魅力的な素地を与えてくれたのかもしれない。しかしながら、一部の密教行者は、当時の浄土の思想やイメージに支配された、解脱につながる理想的な臨終に、明らかに密教的といえる性格を付与しようとした。そのために、北を向く、あるいは大日如来に関連する印を結ぶなどの特異な密教の構えを臨終の場面で取り入れるようになった。また、一部の密教学者は、即身成仏と浄土への往生という二つの目標間の緊張関係に概念的なレベルで取り組もうとした。両者はこれまでに触れてきた密教系の臨終行儀書のなかで融和する。実範の『病中修行記』や覚海の『覚海法橋法語』は、不二の悟りを支持して、別にある浄土へ「行く」という考えそれ自体を否定し、その二つの救済的な目標の緊張関係に決着をつける。しかし、実範と覚海は、全く対照的な方法でその問題を解決する。実範の場合は、念仏や阿弥陀の要素を用いるが、臨終行儀は大日如来と合一するための密教修法となり、別の世界としての浄土の観念を、即身成仏を遂げるための加持を本質とする儀礼のなかに徹底して組み込んだ。覚海の場合は、同じ不二観を採用しながら、それを全く異なる結末へと向ける。それは、大日如来の世界が遍在していると観察することは、大日如来の世界とは別にある浄土を望むこと、そして、その別にある浄土に生まれるための特殊な臨終行儀を行うことの両方を否定することになる。覚鑁の場合は、実範や覚海とは対照的に、『一期大要秘密集』において往生と即身成仏という二つの目標をどちらも認め、大日如来は自身の心を離れては存在しないという不二の観点を失うことなく、かつ、「浄土に行く」という考えを少なくとも一応正統なものとみなした。このことによって、往生を実現する上で最も効果的な手段として密教の「実践」を提供しながらも、不二という密教の「教義」を用いて浄土への往生という概念を否定することで二重の論理が生まれる。その結果、往生と即身成仏という立場が同時に主張され、両者の対立が許される動的な緊張関係が生じるに至った。『一期大要秘密集』には、『病中修行記』や『覚海法橋法語』ほど思想的な一貫性はおそらくないが、より多岐性を備えており、ひょっとすると多くの人の心を満足させる期待感がある。それはいわば、すべての可能性に備え、即身成仏と往生の両方の目標の達成に必要なものが同時に果たされうるというものである。

注

（1）初期の日本の密教という分類の設定については、Abe 1999 を参照。

（2）Inagaki 2006 を参照。しかしながら、すべての仏教の学匠が即身成仏を密教のものと考えているわけではない。日本天台宗開祖であり、空海と同時代の最澄《さいちょう》（七六六／七六七～八二二）は、即身成仏が『法華経』に独特のものと述べる。Groner 1989 を参照。

（3）この点については、元山一九九二・七三六～七三八頁を参照。

（4）阿部二〇〇二・四〇～四二頁を参照。阿部氏が述べるように、このような評価は、空海の即身成仏の教えに基づき大日如来と行者の一体化を目指す観法に関係する純密《じゅんみつ》と、健康や繁栄などの現世利益的な目的のために他の諸尊に向かって儀式を行う雑密《ぞうみつ》という、真言宗のなかでの区別と関連する。この区別は、儀礼本よりも教義書を優先する。しかしながら、近年の研究によると、純密と雑密の階層的な分類は、真言宗において十七世紀後半あるいは十八世紀初めまで見られず、そのため、平安時代のかなり後になって標準的となった密教の正統説を反映している。この問題については、三崎一九六七、三崎一九八八、Abe 1991 を参照。

（5）泉一九八四・二二〇～二二四頁はそれらの文献のいくつかを列挙し、このような文献を雑密に区分する。しかし、繰り返すが、この評価は、歴史的に見て近世以降の真言宗の正統説を示す。平安時代の行者が浄土に往生するための儀礼を不純なもしくは劣化した密教の形態だと考えていたことを示す証拠はない。

（6）具体的な例については、阿部二〇〇二・三九～四〇頁を参照。

（7）『楞厳院二十五三昧結衆過去帳《りょうごんいんにじゅうござんまいけっしゅうかこちょう》』は、一〇一三年に編集が始まり、二十五三昧会に参加した五十一人の僧侶の名前を記録している。そのうちの十七人に関しては、短い伝記が残っており、生前や臨終時の実践内容だけでなく、彼らが往生に成功（まれに失敗）したことさえも記録している。たいてい、往生できたかどうかは夢のなかで三昧会の者たちに伝えられる。この過去帳の目的は、二十五三昧会の実践によって実際に浄土への往生を実現することができるという「証拠」を集めることにあったのかもしれない。詳しくは、Rhodes 2000 を参照。

（8）阿弥陀供養法（阿弥陀法とも）は『無量寿儀軌』に基づき、そこで阿弥陀の浄土への往生をもたらすとされる（引用箇所は本文一二六頁を参照）。

（9）阿弥陀の大呪や小呪は、『無量寿儀軌』に基づいており、二種類の阿弥陀の陀羅尼《だらに》である。それを唱えると、諸々の罪がなくなり、浄土に往生するとされる。尊勝大仏頂《そんしょうだいぶっちょう》（ウシュニーシャヴィジャヤー）陀羅尼は、尊勝仏頂仏（仏頂尊勝とも）の陀羅尼、つまり、釈迦牟尼仏《しゃかむにぶつ》の頭の王冠にある三十二の勝れた特徴のうちのひとつ、肉髻《にっけい》の化身の陀羅尼である。この陀羅尼を唱えると、罪がなくなり、寿命が延びるとされる。尊勝仏頂を「最上の呪文」（Superlative Spell）と訳したが、これについては Copp 2005, 40–44 に従った。アロリキヤは、観音の化身である多羅《たら》（ターラー）の陀羅尼を指す。密教神である仏眼《ぶつげん》（仏眼仏母《ぶつげんぶつも》とも。文字通りには、仏の眼・母なる仏）は、諸仏の智慧を表す。

（10）十五種類の望ましくない死（十五悪死）とは、（一）飢餓や貧困で死ぬこと、（二）さらし台に押さえつけられ、拷問されて死ぬこと、（三）恨みを買った者に殺されること、（四）戦死すること、（五）野生の猫や狼などの獰猛な動物に殺されること、（六）蛇や蜘蛛に噛まれて死ぬこと、（七）燃えて、あるいは溺れて死ぬこと、（八）毒で死ぬこと、（九）寄生虫で死ぬこと、（十）憤死すること、（十一）木や崖から落ちて死ぬこと、（十二）呪いで死ぬこと、（十三）悪霊の仕業で死ぬこと、（十四）悪い病気で死ぬこと、（十五）自殺すること（『千手千眼大悲心経《せんじゅせんげんだいひしんぎょう》』大正蔵第二〇巻一〇七頁中。英訳はRhodes 1996を参照）である。源信の最も古い伝記については、『続本朝往生伝』〔九〕二三一〜二三六頁を、光明真言については、注(12)を参照。

(11) 覚超は、現存はしないが、月輪観に関する論書を著している。『仏書解説大辞典』（七八頁下）の「月輪観」の項目を参照。

(12) 光明真言に関する主要な文献は、密教聖典の『不空羂索神変真言経《ふくうけんじゃくしんぺんしんごんきょう》』（大正蔵一〇九二）や、アモーガヴァジュラ（不空《ふくう》）訳の儀礼本である『不空羂索毘盧遮那仏大灌頂光真言《ふくうけんじゃくびるしゃなぶつだいかんじょうこうしんごん》』（大正蔵一〇〇二）、同じく儀礼本であり、日本で書かれた疑経『光明真言儀軌《こうみょうしんごんぎき》』の三つである。砂に対して光明真言を一〇八回唱え、それによって加持された砂を死人の体や墓にまぶすことで、彼らは苦しみの世界から脱し、阿弥陀の浄土に往生するという。平安期のこの修行について、櫛田一九六四・一五三〜一八〇頁、速水一九七五・一六五〜二〇二頁を参照。

光明真言の葬儀での使い方については、二十五三昧会のために作られた慶滋保胤に帰される『起請八箇条《きしょうはちかじょう》』（九八六年）第二条と、源信に帰される『横川首楞厳院二十五三昧起請《よかわしゅりょうごんいんにじゅうござんまいきしょう》』（九八八年）第四条の二つの文献に詳しい。両文献の校訂テキストについては小山一九九七を参照。二十五三昧会における光明真言の使い方については速水一九七五・一七〇〜一七三頁を参照。

(13) 高野山での浄土に関する修行のほかに、これら高野山の集団については、井上一九五六、和多一九六九、五来一九七五を参照。

(14) 速水一九七五・一八三〜一九六頁を参照。

(15) 維範の伝記については『高野山往生伝』（〔二〕六九六〜六九七頁）を参照。

(16) 理趣三昧とは、他の真言と一緒に『理趣経《りしゅきょう》』を読誦することである。『理趣経』の読誦は、罪や業の妨げを取り除き、修行者が地獄に落ちるのを防ぐという。『理趣経』には複数の系統が存在する（大正蔵二四〇、二四一、二四二、二四三、二四四、大正蔵二二〇（全六〇〇巻の『大般若波羅蜜多経《だいはんにゃはらみたきょう》』）の巻五七八）。

(17)「密厳国土《みつごんこくど》」とは、三密の修行によって、大日如来の身・口・意と密教行者の身・口・意が一体となっている世界を指す。その記述は『大乗密厳経《だいじょうみつごんきょう》』（大正蔵六八一、六八二）、『金剛峯楼閣一切瑜伽瑜祇経《こんごうぶろうかくいっさいゆがゆぎきょう》』（大正蔵八六七）、『菩提心論《ぼだいしんろん》』（大正蔵一六六五）にある。密厳国土を浄土とする考えは、覚鑁の思想的発展を示しており、例えば、覚鑁の著作『密厳浄土略観《みつごんじょうどりゃっかん》』に見られる。

(18) 後に述べる、三密の修行を臨終に用いたことを考慮すると、能願の例は重要である。

(19) 西方因菩薩（金剛院菩薩とも）は、金剛界曼荼羅の中央の区画である、完成された身体の集まり（成身会《じょうじんね》）に現れるときの無量寿（阿弥陀）に付き添う四人のうちのひとりである。ここで無量寿如来は、大日如来の四方を囲む四仏のうちのひとつであり、それぞれが月輪のなかに腰を据え、さらに四人の菩薩を引き連れる。

(20) 一一九二年に根来寺の覚満《かくまん》によって編纂されたとされる覚鑁（一〇九五～一一四三）の伝記『高野山大伝法《こうやさんだいでんぼう》院本願霊瑞《いんほんがんれいずい》並《ならびに》寺家縁起《じけえんぎ》』（三九頁）は、覚鑁が西か北のどちらを向いて臨終したのかについて異論を唱え、北を向いて臨終したに違いないと結論する。『渓嵐拾葉集《けいらんしゅうようしゅう》』も『高野山大伝法院本願霊瑞並寺家縁起』も共に鎌倉時代（一一八五～一三三三）のおよそ後期の作品であるため、西行と覚鑁の臨終に関する記述は後になされた描写である可能性がある。

(21) 例えば、天台宗が行う四種類の精神集中（四種三昧）のうち、絶えず歩き続ける精神集中（常行三昧《じょうぎょうざんまい》）は、元来、行者と阿弥陀との合一を目的として阿弥陀をありありと思い浮かべることであった。Stevenson 1986, 45–97 を参照（しかし、比叡山では、この行法は罪をなくし、浄土に往生するための儀礼となる。薗田一九八一・一六三～一九一頁、Groner 2002, 175–179 を参照）。もうひとつの例が、生まれながらにして悟っている（本覚《ほんがく》）

という中世の天台思想の系譜である。これは阿弥陀と行者の不二性を強調しており、本覚思想を扱った源信撰と伝わるいくつかの疑典が含まれる。例えば、花野一九七九・三一八〜三四六頁を参照。

(22)『往生要集』の「臨終行儀」の章は、『往生要集』二〇六〜二一七頁部分訳にDobbins 1999, 166–175がある。

(23) ここで十念とは、一方では、有名な阿弥陀の第十八願を指し、心から浄土に往生することを願って、「十回も」心で阿弥陀を念じる者たちに往生を約束するものである〔『無量寿経』大正蔵第一二巻二六八頁上〕。他方では、たとえ悪人でさえも、阿弥陀の十念を維持できるよう、臨終するときに付き添ってくれる善知識に出会うことができれば、八十億劫の罪がなくなり、阿弥陀の浄土に往生するという『観無量寿経』の言葉を指す〔『観無量寿経』大正蔵第一二巻三四六頁上〕。この十念をどのように正確に理解すべきかという問題については、かなりの議論があり、阿弥陀を瞑想して思い浮かべる、あるいは阿弥陀の名を唱えることのそれぞれの利益に関する大きな論争に根付いている。源信は、臨終するときの「十の連続した念仏」を阿弥陀の名を唱えて阿弥陀を観想するという意味にとった。源信の浄土を目指す実践に対する基本的な姿勢は観想や瞑想であるが、いよいよ死に近づいていく状況下では、唱えられた念仏が普段のときよりもさらに強力になるとも述べている〔『往生要集』二九六頁〕。

(24) これらは『起請八箇条』第四〜六条、『横川首楞厳院二十五三昧起請』第七〜八条に記される。小山一九九七・八八〜九〇、七九〜八〇頁を参照。

(25) 実範については佐藤一九六五、Bunjisters 1999を参照。「じちはん」という読みはBunjisters 1999に従った（訳者注：本文の通り、現在、ストーン氏は「じっぱん」の読みを採用している）。

(26) この資料をご教示くださった故James Sanford氏に記して感謝申し上げます。議論の詳細は大谷一九六六を参照。

(27) 臨終最後の心の決定的な力の詳細は、Stone 2004 を参照。

(28) 臨終のときの法華懺法《ほっけせんぼう》のやり方については、高木一九七六を参照。

(29)「実相を念ずること」により、業の妨げが条件的であり、固定的な実体を持たないものであるという智慧に目覚めて、業の妨げがなくなるという観念は、密教教義に必ずしも限られたことではない。『観普賢菩薩行《かんふげんぼさつぎょう》法経《ほうきょう》』(大正蔵第九巻三九三頁中)の偈文(「一切の業の妨げという海は錯乱した心から生じる。懺悔しようと願うならば、直立に座って実相を念じよ。数多の罪は霜や露のようであり、智慧という太陽がかき消してくれる」)を参照。天台宗は、これを「原理に基づく懺悔」(理懺《りさん》)〔『天台四教儀』大正蔵第四六巻七七九頁上〕という。

(30) このことは大谷一九六六・五〇頁がすでに指摘している。Bunjisters 1999, 66 が記すように、この記述に関する大谷氏の理解は、実範がまだ浄土をこの地球から遠く離れた世界とする顕教的な理解の影響を受けていたと考える他の学者の理解とは全く正反対の立場にある。例えば、佐藤一九六五・三八頁、櫛田一九七五・一七五〜一七七頁を参照。

(31) 白毫《びゃくごう》の観想は、『観無量寿経』に説かれる阿弥陀の浄土への往生を目指す十六観の九つ目である。同経は、この白毫という吉兆のある特徴から放たれ、阿弥陀を念じる一切衆生を包み込む阿弥陀の光を描写しているが、そこではその白毫を阿弥陀の身体の観想を始める入り口としている〔『観無量寿経』大正蔵第一二巻三四三頁中〜下〕。源信は、白毫観を臨終行儀に加え、臨終しつつある者に対する勧めとして七番目と八番目に挙げる〔『往生要集』二一二〜二一四頁〕。

(32) 平安後期、源信より後の時代になると、白毫観はかなりの発展を遂げた。末木一九九八・三二五〜三二九頁は、実範の『病中修行記』と、白毫観を三身《さんしん》や三諦《さんたい》などの様々な教義上の分類を網羅するものとして勧める、実範とおよそ同時代の天台宗の浄土系の文献との関係に言及する。

（33）英訳は Pas 1995, 272–273 を参照。

（34）大谷一九六六・五二～五三頁、Bunjisters 1999, 67–68 を参照。

（35）日本における阿字観やそれに先行するアジア大陸での行法については、Payne 1998 を参照。Payne 1998, 221 が述べる「阿字観は観想であり、かつ儀礼でもある」という見解は、多くの密教に関する儀礼や修行に当てはまる。

（36）この解釈の構造は、天台宗の教義である三諦《さんたい》に近い。三諦では、「実体のないこと」（空《くう》）と「仮の、現象的な存在」（仮《け》）という両極端が「真ん中」（中《ちゅう》）によって同時に肯定され、否定される。この近似性には実範が天台学を学んでいたことが考えられる。

（37）この一節は、中世天台思想における阿・弥・陀の三文字と空・仮・中の三諦との対応関係と構造上の類似を示している。例えば、末木一九七九を参照。

（38）阿字観が簡略化した臨終行儀としてよく行われるようになった（ほとんどの場合、臨終最後の呼吸で単に「ア」と発すること）のは、鎌倉時代の後期のようである。例えば、真言宗僧侶である知道《ちどう》（十三世紀後半）が著した『仏法夢物語《ぶっぽうゆめものがたり》』（二二一～二二三頁、英訳は Bodiford 1999, 242–243）、禅僧円爾《えんに》の弟子である白雲慧暁《はくうんえぎょう》（一二二三～一二九七）が著した『白雲和尚夢記《はくうんおしょうゆめのき》』（二六九頁中）、覚鑁に帰されているが、後世の作品であることがほぼ確実な『孝養集《こうようしゅう》』（三〇頁中～下）に出てくる阿字観の記述を参照。また、法華寺の尼である円鏡《えんきょう》は、一三〇四年に鎌倉時代の法華寺の復興に尽力した尼僧について書いており、アの字を念じて臨終した何人かの尼僧の名前を記録している（『法華滅罪寺縁起』一四二頁中～一四三頁下）。この文献を教えていただいた Lori Meeks 氏に感謝申し上げます。関連する文章が同氏の博士論文（Meeks 2003, 142–144）のなかで英訳されている。

（39）公卿《くげ》の藤原頼長《ふじわらのよりなが》（一一二〇～一一五一）は、実範が亡くなったと知ったとき、自身の日記に、「かの聖者（実範）は長年願っていた阿弥陀の国土に確実に生まれるであろう、と世間の人々は言う」と記している（『台記』一二八頁、天養元年（一一四四年）九月一〇日）。Bunjisters 1999, 75–76も参照。

（40）例えば、櫛田一九六四・一七五～一七七頁、一九七五・一八七～一八八頁を参照。宗学以外では、阿部二〇〇二・四二頁は、『病中修行記』を「保守的な」文献と捉え、実範が真言密教の不二の正統説に力点を置いていたと述べ、全く異なる見解を示す。

（41）例えば、日蓮は、『法華経』に目覚めた智慧を備えた者が、病人の死体の前で供養を行えば、その人を即身成仏させることができると記している（『木絵二像開眼之事』七九四頁）。江戸時代初期では、行者が「自身のミイラ化」に成功した例が即身成仏の例として語られる。Hori 1962, 222–242を参照。即身成仏という用語を自身のミイラ化との関連でいつ初めて用いるようになったかについては未確定のままである。

（42）『一期大要秘密集』は、『興教大師全集』や『興教大師撰述集』に収められる。『興教大師全集』は漢文のままであり、『興教大師撰述集』は注解付きの日本語訳である。

『一期大要秘密集』は伝法院流の仏厳《ぶつごん》（十二世紀後半に活躍）が編纂した『十念極楽易往集《じゅうねんごくらくいおうしゅう》』のうち、唯一現存する第六巻の内容と実質的に同じとされる（大屋一九二四）。摂政九条兼実《くじょうかねざね》（一一四九～一二〇七）の日記では、仏厳が兼実に『十念極楽易往集』と呼ばれる六巻本にあるひとつの作品を差し出して、「〔後白河〕上皇の勅命で編纂」したことを伝えている（『玉葉』安元二年（一一七六年）、十一月三十日、治承元年（一一七七年）、十月二日）。一部の著名な密教学者、特に石田瑞麿氏は、このことを根拠に『一期大要秘密集』は覚鑁の手によるものではなく、仏厳が書いたと述べる（石田一九六七・二一二～二一四頁）。また、井上光貞氏も同様である（井上一九五六・三六二～三六四頁）。しかしながら、「一期大要秘密集」の著者問題に関する議論はすでに高瀬承厳氏がうまく整理しており、『一期大要秘密集』が浄土思想に関する覚鑁の他の作品（特に『五《ご》輪《りん》九《く》字《じ》明《みょう》秘《ひ》密《みつ》釈《しゃく》』と『阿《あ》弥《み》陀《だ》秘《ひ》釈《しゃく》』）と内容的に類似していることを指摘し、仏厳が『十念極楽易往集』を後白河上皇の勅令で「書いた」のではなく「編纂した」と述べる。そして、まとめて、仏厳は単に『一期大要秘密集』を自身が編集した選集のなかに入れ込んだだけであり、自分が書いたのではなかったと結論する（高瀬一九二四）。この著者問題は、松崎恵水（松崎一九七二）、櫛田良洪（櫛田一九七五・一六五頁）、坂上雅翁（坂上一九八二）、和多秀乘（和多一九八三）も支持している。なかでも和多一九八三が特に詳細な議論をしている。本論では、『一期大要秘密集』を覚鑁の作品と考える。

（43）覚鑁については、例えば、櫛田一九七五、松崎二〇〇二、並びに興教大師研究論集編集委員会編一九九二が収録する諸論考を参照されたい。英語研究は、Abe 1991、Van der Veere 1998 を、特に覚鑁の念仏思想については、Sanford 2004 を参照。

（44）より詳細な両テキストの比較については、櫛田一九七五・一五九～一七七頁を参照。

（45）「九品《くほん》」とは、浄土に往生する九つの階位（九品往生）を意味し、それは修行者の精神階梯に対応する〔『観無量寿経』大正蔵第一二巻三四四頁下～三四六頁上〕。

（46）Abe 1992, 1076–1073、Van der Verre 1998, 161–164 を参照。

（47）覚鑁は、『一期大要秘密集』（一二〇一～一二一三頁／一六〇～一七二頁）の第六条で、阿字観と月輪観の二つの瞑想について述べているが、ここでは、『菩提心論』〔大正蔵第三二巻五七二頁下～五七三頁下〕に従っている。同論では、菩提心《ぼだいしん》、すなわち、悟りを熱望する心を、衆生を救済するための実践と誓願（行願《ぎょうがん》菩提心）・劣った教えを捨てて、勝れた教えを取ること（勝《しょう》義《ぎ》菩提心）・仏自身の悟りと等しい三摩地《さんまじ》菩提心の三つのレベルに区別する。

(48)『一期大要秘密集』の編注者である宮坂宥勝《みやさかゆうしょう》氏は、真言念仏（マントラによって仏を観想すること）には「秘密の意味」があると述べる（『興教大師撰述集』三六一頁・注六〇番）。

(49) 別の場所に隔離することと本尊を安置することに関してはそれぞれ第三条と第四条〔『一期大要秘密集』一一九九～一二〇〇頁、一一五九頁〕で詳説される。酒、肉、刺激の強い食べ物を摂取している者をその部屋に入れることを禁止することは、善導の『観念法門《かんねんほうもん》』（大正蔵第四七巻二四頁中～下）に由来する。源信は、同じ記述を『往生要集』で引用しており、日本の臨終行儀に関する儀礼本の多くも繰り返し言及する。

(50) 覚鑁は、修行者は臨終に際して互いに助け合うことのできる三人から五人の同じ心を持った者と前もって締結すべきであるという、『往生要集』も引用する道綽の勧め〔『安楽集』大正蔵第四七巻一一頁中〕を参照している。『一期大要秘密集』は、善知識としてともに儀礼を行うと誓い合ってる計五人のなかに臨終者を含んでいるかどうか、すなわち、臨終者とは別に五人の善知識を想定しているのかどうかについて曖昧である。『一期大要秘密集』の説明は、臨終行儀における五人の参加者の役割を記述しているが、「四人すべてが一緒に唱える」という説明や「五智」への言及を考慮すると、その場には臨終者を含めて計五人しかいないと思われる。

(51) 櫛田一九七五・二〇五頁を参照。

(52) 櫛田一九七五・二〇一～二〇七頁、Sanford 2006, 161–189 を参照。

(53) 例えば、長谷雄一九八八を参照。

(54) 対応箇所は善無畏《ぜんむい》の著作に同定できていない。善無畏は、筆者の知る限り、「顕教」と「密教」をこのように対比させていないため、この記述は覚鑁の善無畏理解であると思われる。

(55) 櫛田一九七五・一七五～一八四頁、橘一九八八・一三一頁、Van der Veere 1998, 193–195 を参照。

(56) 元山一九九二・七四〇頁を参照。

(57) 北尾一九九二、苫米地一九九三、松崎二〇〇二を参照。一方、元山一九九二・七四〇〜七四一頁は、『一期大要秘密集』が死後の浄土への往生に重点を置いたものと理解する。この問題は、覚鑁の晩年の著作である『五輪《ごりん》九字《くじ》明《みょう》秘密《ひみつ》釈《しゃく》』と合わせて議論されることが多い。『五輪九字明秘密釈』には、往生と即身成仏とを修行者の能力に関連付ける記述があるため、『一期大要秘密集』と比較することがある。

(58) 覚鑁は、浄土に関して純粋に教義的立場を表明する際には、不二の思想をかなり重視している。別の著作『秘密浄土略観《ひみつじょうどりゃっかん》』（英訳は Abe 1991, 414–424）あるいは『阿弥陀秘釈』（英訳は Sanford 2004, 128–133）を参照。

(59) この文献を教えていただいた故 James Sanford 氏に感謝申し上げます。道範の密教的な念仏思想については、Sanford 2006, 175–179 を参照。

(60) 道範はここで、ア・ヴィ・ラ・フーン・カンという六字の大日如来の種子を指している。

(61) 類似した二重の論理は、天台宗の文献にもいくつか見られ、そこでは、浄土が遍在し、かつ西方に存在するという両方を同時に認めている。例えば、「阿弥陀が自身の心であると知っていても、西方の阿弥陀仏を対象として、同様に自身の心である阿弥陀を現す。よって、阿弥陀は自身の心であるから、西の阿弥陀仏を観想すべきではないと言う者は重大な誤りを犯している」〔『自行念仏問答《じぎょうねんぶつもんどう》』六八頁下〕という記述がある。

(62) 英訳は Morrell 1987, 89–102 を参照。

(63) 英訳は Morrell 1987, 99–100 を参照。多少修正を加えた。

(64) 英訳は Morrell 1987, 100 を参照。多少修正を加えた。五智房《ごちぼう》は覚海の弟子であり、親戚でもあり、高野山にこもって修行していた。しかし、五智房の臨終に関する記録は残っていない。

(65) 覚海は、大日の秘密印を手で結び、入寂したと言われる（『密教大辞典』（二一五頁中）の「覚海」の項目を参照）。しかし、この様子を記述した伝記は、筆者自身特定できずにいる。

参考文献

一次文献

『安楽集《あんらくしゅう》』　大正新脩大蔵経《たいしょうしんしゅうだいぞうきょう》第四七巻、一九五八号

『観念法門《かんねんほうもん》』　同　第四七巻、一九五九号

『観普賢菩薩行法経《かんふげんぼさつぎょうほうきょう》』　同　第九巻、二七七号

『観無量寿経《かんむりょうじゅきょう》』　同　第一二巻、三六五号

『観無量寿仏経疏《かんむりょうじゅぶつきょうしょ》』　同　第三七巻、一七五三号

『渓嵐拾葉集《けいらんしゅうようしゅう》』　同　第七六巻、二四一〇号

『四分律行事鈔《しぶんりつぎょうじしょう》』　同　第四〇巻、一八〇四号

『守護国界主陀羅尼経《しゅごこっかいしゅだらにきょう》』　同　第一九巻、九九七号

『千手千眼大悲心経《せんじゅせんがんだいひしんぎょう》』　同　第二〇巻、一〇六〇号

『天台四教儀《てんだいしきょうぎ》』　同　第四六巻、一九三一号

『菩提心論《ぼだいしんろん》』　同　第三二巻、一六六五号

『無量寿経《むりょうじゅきょう》』　同　第一二巻、三六〇号

『無量寿儀軌《むりょうじゅぎき》』　同　第一九巻、九三〇号

『理趣釈《りしゅしゃく》』　同　第一九巻、一〇〇三号

『一期大要秘密集《いちごたいようひみつしゅう》』　富田斅純（編）『興教大師全集　下巻』、東京・世相軒、一九三五、一一九七～一二二〇頁（再版：東京・宝仙寺、一九七七）／宮坂宥勝（編注）『興教大師撰述集』、東京・山喜房佛書林、一九七七、一五七～一七六頁（改訂：一九八九）。

『往生要集《おうじょうようしゅう》』　石田瑞麿（校注）『源信』、日本思想大系六、東京・岩波書店、一九七〇。

『覚海法橋法語《かくかいほっきょうほうご》』　宮坂宥勝（校注）『假名法語集』、日本古典文学大系八三、東京・岩波書店、一九六四、五五～五八頁。

『高野山往生伝《こうやさんおうじょうでん》』　井上光貞、大曾根章介（校注）『往生伝　法華験記』、日本思想大系七、東京・岩波書店、一九九五、六九五～七〇三頁（初版：一九七四）。

『高野山大伝法院本願霊瑞《こうやさんだいでんぼういんほんがんれいずい》並《ならびに》　寺家縁起《じけえんぎ》』　三浦章夫（編）『興教大師伝記史料全集　伝記史料』、東京・ピタカ、一九七七（初版：東京・興教大師八百年御遠忌事務局、一九四二）。

『孝養集《こうようしゅう》』　鈴木学術財団（編）『大日本仏教全書　第四三巻　真言部全』、東京・

講談社、一九七一、一～三四頁。

『三外《さんげ》往生伝《おうじょうでん》』
井上光貞、大曾根章介（校注）『往生伝　法華験記』、日本思想大系七、東京・岩波書店、一九九五、六七〇～六八二頁（初版：一九七四）。

『自行念仏問答《じぎょうねんぶつもんどう》』
鈴木学術財団（編）『大日本仏教全書　第三九巻　天台部三』、東京・講談社、一九七一、六二一～六九頁。

『拾遺《しゅうい》往生伝《おうじょうでん》』
井上光貞、大曾根章介（校注）『往生伝　法華験記』、日本思想大系七、東京・岩波書店、一九九五、二七七～三九二頁（初版：一九七四）。

『新校高野春秋編年輯録《しんこうこうやしゅんじゅうへんねんしゅうろく》』
日野西真定（編）東京・名著出版、一九八二。

『続本朝往生伝《ぞくほんちょうおうじょうでん》』
井上光貞、大曾根章介（校注）『往生伝　法華験記』、日本思想大系七、東京・岩波書店、一九九五、二二一～二五四頁（初版：一九七四）。

『台記《たいき》』
増補史料大成刊行会（編）『台記一　増補史料大成　第二三巻』、京都・臨川書店、一九六五。

『日本往生極楽記《にほんおうじょうごくらくき》』
井上光貞、大曾根章介（校注）『往生伝　法華験記』、日本思想大系七、東京・岩波書店、一九九五、九～四一頁（初版：一九七四）。

『白雲和尚夢記《はくうんおしょうゆめのき》』
鈴木学術財団（編）『大日本仏教全書　第四八巻　禅宗部全』、東京・講談社、二六五～二七〇頁。

『病中修行記《びょうちゅうしゅぎょうき》』

長谷宝秀（編）『真言宗安心全書　巻下』、京都・六大新報社、一九一三～一九一四、七八一～七八七頁（再版：一九七三）。


『法華滅罪寺縁起《ほっけめつざいじえんぎ》』

岩波雄二郎（編）『大和古寺大観　第五巻　秋篠寺・法華寺・海龍王寺・不退寺』、東京・岩波書店、一九七八、一四〇～一四三頁。


『本朝新修往生伝《ほんちょうしんしゅうおうじょうでん》』

井上光貞、大曾根章介（校注）『往生伝　法華験記』、日本思想大系七、東京・岩波書店、一九九五、六八三～六九四頁（初版：一九七四）。


『木絵二像開眼之事《もくえにぞうかいげんのこと》』

立正大学日蓮教学研究所（編）『昭和定本　日蓮聖人遺文　第一巻』、立正大学日蓮教学研究所（編）山梨・身延山久遠寺、一九八八、七九一～七九四頁（初版：一九五二）。


『楞厳院《りょうごんいん》二十五三昧《にじゅうござんまい》結衆《けっしゅう》過去帳《かこちょう》』

天台宗典編纂所（編）『續天台宗全書　史傳二』、東京・春秋社、一九八八、二七七～二九一頁。


『臨終用心事《りんじゅうようじんのこと》』

長谷宝秀（編）『真言宗安心全書　巻下』、京都・六大新報社、一九一三～一九一四、七九二～七九五頁（再版：一九七三）。

二次文献

阿部（二〇〇二）　阿部竜一「密教儀礼と顕密仏教――明恵房高弁の入滅儀礼をめぐって」、今井雅晴（編）『中世仏教の展開とその基盤』、東京・大蔵出版、三八〜五七頁。

石田（一九六七）　石田瑞磨『浄土教の展開』、東京・春秋社。

泉（一九八四）　泉浩洋「密教に於ける弥陀思想」、伊藤唯真（編）『阿弥陀信仰』、民衆宗教史叢書第一一巻、東京・雄山閣出版、二二〇〜二二四（原載『天台学報』一〇、一九六八、七二〜八〇頁）。

井上（一九七五）　井上光貞『日本浄土教成立史の研究』、東京・山川出版社（初版：一九五六）。

大谷（一九六六）　大谷旭雄「実範『病中修行記』について――その構成と念仏思想」、『仏教文化研究』一三、四三〜五八頁。

大屋（一九二四）　大屋徳城「『十念極楽易往集』と藤原兼実の信仰に関する疑問」、『史林』九／一、二一〜三二頁（再録：同『日本仏教史の研究』、東京・法藏館、一九二七（再版：一九八八））。

北尾（一九九二）　北尾隆心「興教大師における往生について——『五輪九字明秘密釈』と『一期大要秘密集』との相違を中心として」、『印度學佛教學研究』四〇／二、六五七～六六〇頁。

櫛田（一九六四）　櫛田良洪『真言密教成立過程の研究』、東京・山喜房佛書林。

櫛田（一九七五）　同『覚鑁の研究』、東京・吉川弘文館。

興教大師研究論集編集委員会編（一九九二）　興教大師研究論集編集委員会（編）、『興教大師覚鑁研究　興教大師八百五十年御遠忌記念論集』、東京・春秋社。

小山（一九九七）　小山昌純「東大寺中性院所蔵『横川首楞厳院廿五三昧恵心保胤臨終行儀』の再検討——叢書本の誤植による問題点」、『仏教学研究』五三、五六～九五頁。

五来（一九七五）　五来重『高野聖』、角川選書七九、東京・角川書店。

坂上（一九八二）　坂上雅翁「仏厳房聖心について」、『論集』二六、一四五～一四九頁。

佐藤（一九六五）　佐藤哲英「中ノ川実範の生涯とその浄土教——新出資料『念仏式』と『阿弥陀私記』を中心に」、『密教文化』七一～七二、二一～五二頁。

末木（一九七九）　末木文美士「阿弥陀三諦説をめぐって」、『印度學佛教學研究』二八／一、二一六～二二二頁。

末木（一九九八）　同『鎌倉仏教形成論――思想史の立場から』、京都・法藏館。

薗田（一九八一）　薗田香融「山の念仏」、『平安仏教の研究』、京都・法藏館、一六三～一九一頁（初版：藤島達朗、宮崎円遵（編）『日本浄土教史の研究』、京都・平楽寺書店、一九六八）。

高木（一九七六）　高木豊「往生伝における法華信仰」、野村耀昌（編）『法華経信仰の諸形態』、京都・平楽寺書店、四五一～四八四頁。

高瀬（一九二四）　高瀬承厳「十念極楽易往集考」、『仏教学』一／六、一九二四、三二～四八頁。

橘（一九八八）　橘信雄「『一期大要秘密集』における「臨終行儀」について」、『印度學佛教學研究』三六／二、一三〇～一三三頁。

苫米地（一九九三）　苫米地誠一「興教大師覚鑁の機根観(1)――即身成仏と浄土往生」、『大正大学総合仏教研究所年報』一五、四七～六〇頁。

長谷雄（一九八八）　長谷雄文彰「真言系臨終行儀における葬送との関連」、『佛教論叢』三二、一二五～一二九頁。

花野（一九七九）　花野充昭（充道）「中古天台文献と念仏思想」、佐藤哲英『叡山浄土教の研究』、京都・百華苑、三一八～三四六頁。

速水（一九七五）　速水侑『平安貴族社会と仏教』、東京・吉川弘文館。

松崎（一九七二）　松崎恵水「興教大師覚鑁の一期大要秘密集について」、『印度學佛教學研究』二〇／二、二五一～二五五頁。

松崎（二〇〇二）　同『平安密教の研究――興教大師覚鑁を中心として』、東京・吉川弘文館。

三崎（一九六七）　三崎良周「「純密と雑密」について」、『印度學佛教學研究』一五／二、六一～六六頁。

三崎（一九八八）　同『台密の研究』、東京・創文社。

元山（一九九二）　元山公寿「真言密教と往生思想」、興教大師研究論集編集委員会（編）『興教大師覚鑁研究　興教大師八百五十年御遠忌記念論集』、東京・春秋社、七三一～七四四頁。

和多（一九六九）　和多昭夫「高野山における鎌倉仏教」、日本仏教学会（編）『鎌倉仏教形成の問題点』、京都・平楽寺書店、七九～九五頁。

和多（一九八三）　和多秀乘「十念極楽易往集について」、『印度學佛教學研究』三二／一、一～一〇頁。

Abe（1991）　Abe, Ryūichi［阿部竜一］, "From Kūkai to Kakuban: A Study of Shingon Buddhist Dharma Transmission," Ph. D. dissertation, Columbia University.

Abe（1992）　———, "Bridging Ritual and Text: Kakuban's Writing on Meditative Practice," In Kōgyō Daishi Kenkyū Ronshū Henshū linkai（eds.）, Kōgyō Daishi Kakuban Kenkyū, Tokyo: Shunjusha, 1992, pp. 1076–1073.

Abe（1999）　———, *The Weaving of Mantra: Kūkai and the Construction of Esoteric Buddhist Discourse*, New York: Columbia University Press.

Bodiford（1999）　Bodiford, William M., "Chido's *Dreams of Buddhism*." In George J. Tanabe, Jr.（ed.）, *Religions of Japan in Practice*, Princeton: Princeton University Press, 1999, pp. 235–245.

Bunjisters（1999）　Bunjisters, Marc, "Jichihan and the Restoration and Innovation of Buddhist Practice," *Japanese Journal of Religious Studies*, 26.1–2, pp. 39–82.

Copp（2005）　Copp, Paul, "Voice, Dust, Shadow, Stone: Forms of Dhāraṇīs in Medieval China," Ph. D. dissertation, Princeton University.

Dobbins（1999）　Dobbins, James C., "Genshin's Deathbed Nembutsu Ritual in Pure Land Buddhism." In George J. Tanabe, Jr.（ed.）, *Religions of Japan in Practice*, Princeton: Princeton University Press, 1999, pp. 166–175.

Groner（1989）　Groner, Paul, "The *Lotus Sutra* and Saicho's Interpretation of the Realization of

Buddhahood with This Very Body." In George J. Tanabe, Jr. and Willa Jane Tanabe (eds.), *The Lotus Sutra in Japanese Culture*, Honolulu: University of Hawai'i Press, 1989, pp. 53–74.

Groner (2002) ———, *Ryōgen and Mount Hiei: Japanese Tendai in the Tenth Century*, Honolulu: University of Hawai'i Press, 2002.

Hori (1962) Hori, Ichirō [堀一郎], "Self-Mummified Buddhas in Japan: An Aspect of the Shugen-dō ('Mountain Asceticism') Sect," *History of Religions*, 1.2, pp. 222–242.

Inagaki (2006) Inagaki Hisao [稲垣久雄], "Kūkai's Principle of Attaining Buddhahood with the Present Body." In Richard K. Payne (ed.), *Tantric Buddhism in East Asia*, Somerville, MA: Wisdom Publications, 2006, pp. 99–118. (Originally published in *Ryukoku Translation Pamphlet Series* 4, Kyoto: Ryukoku Translation Center Ryukoku Univeristy, 1975.)

Meeks (2003) Meeks, Lori, *Nuns,* "Court Ladies, and Female Bodhisattvas: The Women of Japan's Medieval Ritsu-School Nun's Revival Movement," Ph. D. dissertation, Princeton University, 2003.

Morrell（1987）	Morrell, Robert E., *Early Kamakura Buddhism: A Minority Report*, Berkeley: Asian Humanities Press, 1987.
Pas（1995）	Pas, Julian, *Visions of Sukāvatī: Shan-Tao's Commentary on the Kuan Wu-liang-Shou-Fo Ching*, Albany: State University of New York Press, 1995.
Payne（1998）	Payne, Richard K., "Ajikan: Ritual and Meditation in the Shingon Tradition." In Richard K. Payne（ed.）, *Re-Visioning "Kamakura" Buddhism*, Honolulu: University of Hawai'i Press, 1998, pp. 219–248.
Rhodes（1996）	Rhodes, Robert F., "Pure Land Practitioner or *Lotus* Devotee? On the Earliest Biographies of Genshin," *Japanese Religions*, 21.1, pp. 28–69.
Rhodes（2000）	―――, "Seeking the Pure Land in Heian Japan: The Practices of the Monks of the Nijūgo Zanmai-e," *Eastern Buddhist*, 33.1, pp. 56–79.
Sanford（2004）	Sanford, James H., "Amida's Secret and Life: Kakuban's *Amida hishaku*." In Richard K. Payne and Kenneth K. aka（eds.）, *Approaching the Land of Bliss: Religious Praxis in the Cult Amitābha*, Honolulu: University of Hawai'i Press, 2004, pp. 120–138.
Sanford（2006）	―――, "Breath of Life: The Esoteric Nenbutsu." In Richard K. Payne（ed.）,

Tantric Buddhism in East Asia, 2006, pp. 161–189. (Originally published in Ian Astley (ed.), *Esoteric Buddhism in Japan*, Copenhagen, Aarhus: Seminar for Buddhist Studies, 1994)

Stevenson (1986)
Stevenson, Daniel B., "The Four Kinds of Samādhi in Early T'ien-t'ai Buddhism." In Peter N. Gregory (ed.), *Traditions of Meditation in Chinese Buddhism*, Honolulu: University of Hawai'i Press, 1986, pp. 45–97.

Stone (2004)
Stone, Jacqueline I., "By the Power of One's Last Nenbutsu: Deathbed Practices in Early Medieval Japan." In Richard K. Payne and Kenneth K. Tanaka (eds.), *Approaching the Land of Bliss: Religious Praxis in the Cult of Amitābha*, Honolulu: University of Hawai'i Press, 2004, pp. 77–119.

Van der Veere (1998)
Van der Veere, Hendrik, *Kakuban Shōnin: The Life and Works of Kōgyō Daishi*, Tokyo: Nombre, 1998.

仏書解説大辞典
小野玄妙（編）『仏書解説大辞典　第二巻』、東京・大東出版社、一九三五〜一九三七（改訂：東京・大蔵出版、一九六四〜一九六七）。

密教大辞典
密教大辞典編纂会（編）『密教大辞典　上巻』、京都・法藏館、一九三一（改訂：一九八三）。

語彙解説（中山慧輝編）

あ

阿闍梨《あじゃり》　サンスクリット語アーチャーリヤ ācārya の音写語である阿闍梨耶《あじゃりや》の略称。師匠、先生の意。日本では密教の師匠を指す場合が多い。

阿弥陀《あみだ》　サンスクリット語はアミターバ Amitābha（無限の光を持つもの）あるいはアミターユス Amitāyus（無限の寿命を持つもの）。『無量寿経』では、世自在王仏《せじざいおうぶつ》のもとで悟りを得たいと決心した法《ほう》蔵菩薩《ぞうぼさつ》が、すべての生きものを救済するために四十八願を立て、途方もなく長い間修行を経て仏と成ったのが阿弥陀である。阿弥陀は西方の極楽という地に居住し、現在も説法をしているという。

『阿弥陀経』《あみだきょう》　サンスクリット語の原題は『スカーヴァティー・ヴィユーハ Sukhāvatīvyūha』。『無量寿経』と原題が同じであり、区別して『小無量寿経』、『小経』などとも呼ぶ。阿弥陀仏の名を唱えることで極楽浄土に往生できることなどを説く。浄土宗や浄土真宗が所依の経典とする浄土三部経《じょうどさんぶきょう》の一。三つのうち最も短い。

阿弥陀供養法《あみだくようほう》　⇓注(8)

アロリキヤ　⇓注(9)

い

異香《いこう》　並々ならぬ素晴らしい香り。往生を願う者の臨終に、仏・菩薩が来迎したことを示す兆しの一。

石山寺《いしやまでら》　滋賀県大津市にある真言宗の寺。西国三十三所の札所《ふだしょ》として信仰を集める観音霊場。

『一期大要秘密集』《いちごたいようひみつしゅう》　真言宗の中興の祖である覚鑁《かくばん》（一〇九五〜一一四三）の著作。⇓注(42)

印《いん》　印相《いんぞう》、印契《いんげい》とも。サンスクリット語はムドラー mudrā。ムドラーの原義は封印や印章であるが、狭義に特に仏・菩薩などが手の指を用いて組む形を指す。密教では、行者が本尊の印を結ぶことでその尊格との身体的一致を獲得することができると考え、真言などとともに重視される。

う

ヴァジュラヤーナ　サンスクリット語Vajrayāna。漢訳で金剛乗。密教を指し、小乗（声聞《しょうもん》乗）・大乗（菩薩乗）とは別の第三のより勝れた教えとみなす立場からの表現。金剛（ヴァジュラvajra）は金剛石すなわちダイヤモンド、あるいはインドラ神の持つ雷を象徴とした武器である金剛杵《こんごうしょ》を意味し、一般に硬さや強さ、速さの形容となる。

え

延暦寺《えんりゃくじ》　最澄《さいちょう》が開創した天台宗の総本山。京都市と滋賀県大津市にまたがる比叡山に位置する。最澄の願いにより、その没後に大乗戒壇《だいじょうかいだん》（戒律を授けるために設けられた壇）を設け、鎌倉仏教の祖師たちを含む多くの名僧を輩出した。

お

往生伝《おうじょうでん》　浄土や天界、主には阿弥陀の浄土に往生したと考えられる人々の伝記。日本では慶滋《よししげの》保胤《やすたね》の『日本往生極楽記』を嚆矢とする。往生伝には、僧侶だけでなく在俗の伝記も残る。

か

覚海《かくかい》　平安後期から鎌倉前期の僧侶。但馬出身。一一四二〜一二二三。醍醐寺《だいごじ》定海《じょうかい》のもとで出家し、高野山に入ってからは寛秀《かんしゅう》に師事する。一二一七年に第三七世検校《けんぎょう》を務める。

覚鑁《かくばん》　平安末期の僧侶。肥前出身。一〇九五〜一一四三。諡号《しごう》は興教大師《こうぎょうだいし》。仁和寺で出家し、奈良に赴いて、倶舎《くしゃ》や唯識《ゆいしき》などの教学を習得。その後、高野山に登り研鑽を積む。教学においては、高野山に大伝法院《だいでんぽういん》を建立し、衰微した真言教学の復興を目指したが、金剛峯寺との対立により根来《ねごろ》山に移り、真言宗は新義と古義に分裂した。真言教学の復興以外に、当時流行していた密教と浄土教との融合を図ったことでも知られる。著書は『一期大要秘密集《いちごたいようひみつしゅう》』や『五輪九字明秘密釈《ごりんくじみょうひみつしゃく》』など。

過去帳《かこちょう》　供養のために死者の法名や没年月日、年齢などを記録する帳簿。源信が参加していた二十五三昧会によって作られた『首楞厳院《しゅりょうごんいん》二十五三昧《にじゅうござんまい》結衆過去帳《けっしゅうかこちょう》』はなかでも古く、生涯の様子まで記録する。

加持《かじ》　加護の意。不可思議な力を与えること。密教では、三密修法によって仏と行者との合一をいう。つまり仏の衆生《しゅじょう》に対する働きかけを「加」とし、行者が仏の働きかけを受け止めて持することを「持」とする。⇩**三密加持**　一九九頁

月輪《がちりん》　⇩**月輪観**　一九五頁

月輪観《がちりんかん》　密教の観法のなかでも最も基礎的なものであり、阿字観《あじかん》の一過程としてよく行う。満月のような白い円盤（月輪）に蓮華を描き、その上に梵《ぼん》語《ご》の阿（ア、a）の字を据えた掛け軸（蓮華の上に月輪を描く場合もある）の前で足を組み、手で印《いん》を結び、呼吸を整えて向かい、心に月輪が明瞭におさまるように観想する。

羯磨曼荼羅《かつままんだら》　⇩**四種曼荼羅**　二〇〇頁

観音《かんのん》　観音菩薩。光世音《こうぜおん》、観自在《かんじざい》、観世音《かんぜおん》など漢訳は複数ある。サンスクリット語はアヴァローキテーシュヴァラ Avalokiteśvara やアヴァローキタスヴァラ Avalokitasvara など。この名は、世間を観察することに自在である、世間が助けを求める声を聞いて救済に向かうなどの意で解されるが、この語の解釈は学者の間でも分かれる。浄土経典など多くの大乗経典に登場するが、特に観音が救済する衆生に合わせて三十三種の姿に変化することを説く『法華経』の「観世音菩薩普門品《ふもんぼん》」は、単独で『観音経』として流布し、中国・日本における観音信仰の基礎となった。浄土思想においては阿弥陀仏の脇侍となる。

『観無量寿経』《かんむりょうじゅきょう》　『観無量寿仏経』あるいは『無量寿観経』とも。南朝宋の畺良耶舎《きょうりょうやしゃ》訳。『観

経』とも略される。『無量寿経』と『阿弥陀経』と合わせて浄土三部経をなす。サンスクリット語の原典もチベット語訳も現存せず、インド撰述であるか疑わしい。内容は十六の観法（十六観）からなり、阿弥陀の浄土に往生するために阿弥陀仏や浄土の姿をありありと思い浮かべる。

甘露《かんろ》　サンスクリット語はアムリタ amṛta。不死、あるいは不死の霊薬の意味。涅槃の形容としても用いる。

き

祇園精舎《ぎおんしょうじゃ》　サンスクリット語はジェータヴァナ・アナータピンダダーラーマ Jetavana Anātha-piṇḍadārāma。祇樹給孤独園《ぎじゅきっこどくおん》とも。インドのコーサラ国の都シュラーヴァスティーのスダッタ長者がジェータ（祇樹《ぎじゅ》）太子の園林を買い取って釈迦牟尼《しゃかむに》（釈迦）とその教団に寄進した僧院。

行住坐臥《ぎょうじゅうざが》　歩くこと（行）、立つこと（住）、座ること（坐）、横になること（臥）の人間の日常生活の基本動作。合わせて四威儀《しいぎ》ともいう。

く

空海《くうかい》　真言宗の開祖。七七四〜八三五。諡号《しごう》は弘法大師《こうぼうだいし》。讃岐出身。十八歳で大学寮に入るも仏道を志して退学し、四国各地を遍歴して修行した。三十一歳のとき唐に渡り、恵果《けいか》に師事して灌頂《かんじょう》を受ける。帰国後は多くの門弟を育てながら、高野山の開創や東寺の勅賜を通じて真言宗教団の基盤を整えた。また多くの著作を通じて真言宗の教学を確立するとともに、詩文や書の道でも才能を発揮した。

九品《くほん》　浄土に往生する前の行いの違いによって区別される往生以後の九つの階位。具体的には『観無量寿経』に説かれ、高い生まれから順に上品上生・上品中生・上品下生・中品上生・中品中生・中品下生・下品上生・下品中生・下品下生の九つをいう。しかし、それぞれの位をどのように定義するかは学僧によって意見が分かれる。⇒注(45)

け

『華厳経』《けごんぎょう》　大乗経典の一。サンスクリット語の原題は『ブッダーヴァタンサカ Buddhāvataṃsaka』。主な漢訳には東晋の仏駄跋陀羅《ぶつだばつだら》訳の六〇巻本や唐の実叉難陀《じっしゃなんだ》訳の八〇巻本がある。「十地品」にあたる『十地経《じゅうじきょう》』など、いくつかの品は単行経典としても流布した。

検校《けんぎょう》　寺院の一切の寺務を監督、取り締まる職。

源信《げんしん》　大和出身の天台僧。九四二～一〇一七。恵《え》心僧都《しんそうず》とも。良源《りょうげん》に師事して学才を発揮し名声を得るも、のちに横川《よかわ》に隠棲する。『往生要集』を著して日本における浄土信仰の基礎を築いた。この他にも因明《いんみょう》（仏教論理学）や天台学に関する著書を数多く残した。

こ

業《ごう》　行為、行いのこと。仏教では、身体的行為（身《しん》）・言語的行為（口《く》）・心的行為（意《い》）の三つに分ける。仏教は、善い行いが安楽の結果をもたらし、悪い行為が苦しみの結果をもたらすと考えるため、悪い行為は浄土への往生などを妨げるとされた。よって、業という語に否定的な意味合いを込めることがしばしばある。

興福寺別当《こうふくじべっとう》　奈良時代に栄えた南都六宗の一である法相宗《ほっそうしゅう》の大本山興福寺の最高職。

光明真言《こうみょうしんごん》　大日如来の真言・諸仏菩薩の総呪であり、無量の福徳を有するとされ、真言宗で非常に重視されるほか各宗でも盛んに用いる。⇒注(12)

虚空蔵菩薩《こくうぞうぼさつ》　サンスクリット語はアーカーシャ・ガルバ Ākāśagarbha。空間のように限りない智慧《ちえ》と福徳《ふくとく》を蔵している。胎蔵界曼荼羅の虚空蔵院の中心に位置する尊格で、右手に智慧の宝剣を、左手に福徳の蓮華と如意宝珠《にょいほうじゅ》を持つ。

極楽《ごくらく》　サンスクリット語はスカーヴァティー Sukhāvatī。安楽のあるところの意。阿弥陀仏が居住する世界。極楽浄土。

五鈷杵《ごこしょ》　金剛杵《こんごうしょ》という法具のうち、把手の両端が五つに分かれているもの。金剛杵とは、古代インドの武器で、密教では煩悩を打ち砕く仏の智慧の働きを表す。

五十三仏《ごじゅうさんぶつ》　法蔵菩薩《ほうぞうぼさつ》（のちの阿弥陀仏）の師であった世自在王仏《せじざいおうぶつ》以前に出現した五十三の仏。『無量寿経』に説かれる。同本異訳の漢訳経典だけでなく、サンスクリット原典、チベット語訳のそれぞれで列挙する数が異なる。

五辛《ごしん》　刺激の強い五種の野菜類のことで、菜食であってもきつい臭いのために禁じられる食べ物。一般に葱《ねぎ》・薤《らっきょう》・韮《にら》・蒜《にんにく》・薑《はじかみ》（生姜）とされるが、文献によって異同がある。臨終行儀でも儀礼を妨げるとして禁じられた。

五大《ごだい》　地・水・火・風・空の五大元素。仏教では、万物の構成要素として地・水・火・風（四大種《しだいしゅ》）を説くのが一般的であるが、密教はこれに空間を指す空《くう》を加えて五大、あるいは精神要素である識《しき》も加えて六大を説く。

五智《ごち》　仏が備える五種の智慧《ちえ》。密教において仏教一般で説かれる四智（大円鏡智《だいえんきょうち》・平等性智《びょうどうしょうち》・妙観《みょうかん》察智《さっち》・成所作智《じょうしょさち》）に法界体性智《ほっかいたいしょうち》を加えたもので、順に阿閦《あしゅく》・宝生《ほうしょう》・阿弥陀《あみだ》・不空成就《ふくうじょうじゅ》・大日《だいにち》の五如来と対応する。

五智如来《ごちにょらい》　⇒**五智**一九八頁

五智房《ごちぼう》　⇒注(64)

護摩行《ごまぎょう》　祭火の中に供物を燃やして本尊に捧げる密教の行法。護摩はサンスクリット語ホーマhomaの音写語。インドの婆羅門《ばらもん》教において、福徳を得るために火の神アグニに対して行った火祭を仏教も導入した。

金剛界曼荼羅《こんごうかいまんだら》　⇒**両界曼荼羅**二〇八頁

金剛峯寺《こんごうぶじ》　和歌山県伊都郡の高野山に位置する高野山真言宗の総本山。開創者である空海は、この地で入滅したが、深い瞑想に入ったまま生きているとされ、この地に信仰を集めている。

さ

西行《さいぎょう》　平安後期の歌人。一一一八～一一九〇。武家に生まれ、二十三歳で出家。陸奥や鎌倉など諸国を回り、高野山にも身を置いた。彼の残した歌には真言行者としての修行の日々を反映したものもあり、独自の歌境が漂う。

最澄《さいちょう》　日本における天台宗の開祖。七六六／七六七～八二二。諡号《しごう》は伝教大師《でんぎょうだいし》。近江の人。唐に渡って天台学を学び、比叡山延暦寺を中心とする天台宗教団の基礎を築いた。

西方因菩薩《さいほういんぼさつ》　⇓注(19)

座主《ざす》　一座の上首たる僧。日本では延暦寺や金剛峯寺など特定の大寺の住職の呼称。

サマーディボーディチッタ　三摩地菩提心《さんまじぼだいしん》と音訳する、真言行者の三種菩提心の一。⇓注(47)

サンスクリット語　梵語《ぼんご》とも。インドの言語文化において最も正統的な言語。サンスクリット語自体では、サンスクリタ saṃskṛta といわれ、完成された、の意。

三部の大法《さんぶのたいほう》　台密《たいみつ》（最澄の天台系）で、金剛《こんごう》界《かい》・胎蔵界《たいぞうかい》・蘇悉地法《そしつじほう》の三部の修行。蘇悉地法とは『蘇悉地羯羅経《そしつじかつらきょう》』（『蘇悉地経』とも）に説く行法で、胎蔵界・金剛界合一の法を指し、台密では最高の修行法とされる。⇓**両界曼荼羅**　二〇八頁

三昧《さんまい》　サンスクリット語サマーディ samādhi の音写語。心を一点に傾注すること、精神集中の意味。瞑想などの修行で用いることが多い。

三昧耶形《さんまやぎょう》　仏・菩薩が身に着けて、その誓願を表示する器物。

三昧耶曼荼羅《さんまやまんだら》　⇓**四種曼荼羅**　二〇〇頁

三密《さんみつ》　密教で仏の身・口・意のはたらきのこと。衆生が印《いん》を結び（身《しん》）、真言を唱え（口《く》）、本尊を観想する（意《い》）とき、その身・口・意が仏の身・口・意と一体化することで即身成仏が可能になるとされる。

三密加持《さんみつかじ》　⇓**三密**　一九九頁

し

四十八願《しじゅうはちがん》 ⇓ **阿弥陀** 一九三頁

四種曼荼羅《ししゅまんだら》 四曼、四曼相大とも。大曼荼羅・三昧耶《さんまや》曼荼羅・法曼荼羅・羯磨《かつま》曼荼羅の四つの曼荼羅の総称。金剛界曼荼羅の中核をなす。大曼荼羅は、尊格の形像を絵画で表した曼荼羅。三昧耶曼荼羅は、尊格を像ではなく、持物《じぶつ》（仏像の手にある壷や武器など）や印《いん》などの三昧耶形《さんまやぎょう》で表した曼荼羅。法曼荼羅は、尊格を真言や種子《しゅじ》を使って文字で表した曼荼羅。羯磨曼荼羅は尊格の姿勢や行為を表した曼荼羅。

実相《じっそう》 すべての存在のありのままの真実のすがた。広義に真如《しんにょ》や法界《ほっかい》などと同義。 ⇓ 注(29)

悉曇《しったん》 サンスクリット語シッダン siddhaṃ の音写語。悉曇文字とも。グプタ文字というインドの文字体系の一種に由来し、中国を経て日本に伝来した。日本では、真言陀羅尼を読誦・書写し、文字や音声そのものに特別な意義があったため、密教において主に学修された。

実範《じっぱん》 平安後期の僧侶。京都出身。一〇八九〜一一四四頃。じちはん、じつはんとも。興福寺で法相《ほっそう》学を、醍醐寺で真言密教を学ぶ。また比叡山の横川《よかわ》で天台を学んで、天台の浄土思想に傾倒した。奈良の中ノ川成身院《なかのかわじょうしんいん》の創建者。戒律復興にも尽力し、鑑真《がんじん》の寂後三百年で荒廃していた唐招提寺《とうしょうだいじ》の再興などを行う。著書は『病中修行記《びょうちゅうしゅぎょうき》』や『東大寺《とうだいじ》戒壇院受戒式《かいだんいんじゅかいしき》』など。

七宝《しっぽう》 七種の貴金属や宝石。金、銀、瑠璃《るり》（ベリル、ラピスラズリ）、頗黎《はり》（水晶）、硨磲《しゃこ》（貝の一種）、珊瑚《さんご》、瑪瑙《めのう》。

『四分律行事鈔』《しぶんりつぎょうじしょう》 『四分律删繁補闕《さんぱんほけつ》行事鈔』とも。初唐の学僧道宣《どうせん》の作。インドの法蔵部《ほうぞうぶ》という部派が伝持していた律の漢訳である『四分律』を基本として、僧侶の修行規則や生活規則などについてまとめた解説書。

十願《じゅうがん》 ⇓ **普賢菩薩** 二〇四頁

十重禁《じゅうじゅうきん》 『梵網経《ぼんもうきょう》』に説かれる不殺生などの

十種の重い罪を禁じた戒め。それを犯した者は悟りや救済の可能性も失うとされる。⇓『**梵網経**』二〇六頁

十念《じゅうねん》　⇓注(23)

種子《しゅじ》　密教において特定の尊格を象徴する梵字。種字とも。尊名の頭文字や真言の中の特徴的な一字を単体でその尊格を象徴したもの。

衆生《しゅじょう》　サンスクリット語はサットヴァ sattva。命ある生きもの。人間に限らず、六道に生まれるすべての生きものを指す。⇓**六道抜苦**二〇九頁

修法《しゅほう》　密教において、種々の祈願の成就のために行う修行の方法。手に印を結び、口で真言を唱え、心中で本尊を観想することなどが中心となる。

須弥山《しゅみせん》　仏教の宇宙観において、世界の中央にそびえる巨大な山。その大きさは人間の暮らす大陸をはるかに凌ぐ。須弥山を中心とする世界観は曼荼羅の基礎となったという説もある。

聖衆《しょうじゅ》　臨終の際に仏に付き従って来迎する集団。浄土教では、阿弥陀仏に付き従う観世音《かんぜおん》菩薩や勢至《せいし》菩薩などの菩薩の集団を指す場合が多い。⇓**来迎**二〇八頁

成身会《じょうじんね》　金剛界曼荼羅を構成する九会のうち中央を占める区画。『金剛頂経《こんごうちょうきょう》』において、一切義《いっさいぎ》成就菩薩《じょうじゅぼさつ》（釈迦牟尼仏《しゃかむにぶつ》）として姿を現した大日如来が、修行を経て如来の身を完成してみせる場面を象徴する。⇓**両界曼荼羅**二〇八頁

正念《しょうねん》　心を集中して仏を思うこと。特に臨終まぎわの最後の心の状態は、その人の来世の運命を大きく左右するものと考えられ、臨終のときに正念を保つことは重要とされる。

上品上生《じょうぼんじょうしょう》　⇓**九品**一九六頁

称名《しょうみょう》　仏・菩薩の名、特に阿弥陀仏の名を称《とな》えること。

死霊鎮送《しりょうちんそう》　念仏や真言、陀羅尼などがもたらすとする呪術力で、死者の霊を鎮めること。

新義真言《しんぎしんごん》　弘法大師《こうぼうだいし》（空海）を宗祖とし、興《こう》教大師《ぎょうだいし》（覚鑁《かくばん》）を派祖とする真言宗の一派。覚鑁は最初、高野山に大伝法院《だいでんぽういん》を建立して真言宗の復興

を目指したが、金剛峯寺《こんごうぶじ》との対立により根来山《ねごろ》に移り新義真言宗として分派に至った。

真言《しんごん》　サンスクリット語はマントラ mantra。マントラは、古代インドにおいて婆羅門《ばらもん》が祭祀において唱える呪文のこと。密教においては行者が自らの言語的なはたらき（口業《くごう》）を本尊のそれ（口密《くみつ》）と一体化する手段とみなし、即身成仏を目指すための主要な行法となった。

真言念仏《しんごんねんぶつ》　真言宗における念仏。念仏とは、「仏を念ずること、心のなかで思い浮かべること」を意味し、南無阿弥陀仏を唱えるいわゆる称名《しょうみょう》念仏だけにとどまらず、様々なあり方があった。

真如《しんにょ》　サンスクリット語はタタター tathatā。そのままであること、その通りであることの意。すべての存在のありのままのすがた、またはその性質。

親鸞《しんらん》　浄土真宗の開祖。一一七三〜一二六二。九歳で出家し比叡山に入るが、二十九歳のときに法然のもとを訪ねて弟子となる。法然一派に対する弾圧の中で還俗のうえ越後に流される。以後は非僧非俗を貫き、赦免された後は家族とともに常陸に移り、晩年の帰京まで関東各地で布教した。主著に『教《きょう》行信証《ぎょうしんしょう》』。

す

随求陀羅尼《ずいぐだらに》　随求菩薩の真言。随求菩薩は観音菩薩の変身で、その真言を唱えると衆生の願いが成就するという。

そ

即身成仏《そくしんじょうぶつ》　現在のこの生で仏の境地を獲得すること。従来の教理では、仏になるためには幾度とない転生を繰り返した修行の蓄積が必要とされていたが、密教では種々の行法によって仏と合一し、現在の生を受けたその身体のままで成仏が可能であるとした。日本では特に空海の『即身成仏《そくしんじょうぶつ》義《ぎ》』がその体系の基礎となり、空海自身も即身成仏を遂げたものとされ、多くの伝承を生んだ。

尊勝大仏頂陀羅尼《そんしょうだいぶっちょうだらに》　⇒注（9）

た

大威徳明王《だいいとくみょうおう》 ⇒ **文殊菩薩** 二〇七頁

胎蔵界曼荼羅《たいぞうかいまんだら》 ⇒ **両界曼荼羅** 二〇八頁

大伝法院《だいでんぽういん》 新義真言宗の総本山根来《ねごろ》寺の院号《いんごう》（寺の別称）。

大日如来《だいにちにょらい》 サンスクリット語マハー・ヴァイローチャナ Mahāvairocana の漢訳。魔訶毘盧遮那《まかびるしゃな》とも音写する。全宇宙と一体となり、全宇宙を遍満する仏で、密教で最も重要視される仏。

大曼荼羅《だいまんだら》 ⇒ **四種曼荼羅** 二〇〇頁

ち

中国本伝《ちゅうごくほんでん》 インドの伝承。中国とは、この場合「インド」を指し、「中国」ではない。『四分律《しぶんりつ》行事鈔《ぎょうじしょう》』や『往生要集《おうじょうようしゅう》』において、インドの僧院でのしきたりを紹介する際に用いられる。

中道《ちゅうどう》 相互に矛盾・対立する二極端のいずれにも偏らない中正の真理。特に大乗仏教では、一方だけへの執着を否定しながらも両方を肯定する二而不二の状態。

と

同音《どうおん》 一斉に声を揃えて唱えること。

東寺長者《とうじちょうじゃ》 京都に位置する真言宗寺院である東寺を管理する僧侶の呼称。空海が初代とされる。真言宗の最高位としてもその力を発揮した。

道宣《どうせん》 初唐の学僧。五九六～六六七。隋の智首《ちしゅ》に師事して律学を学ぶ。南山律宗の開祖。律の注釈として『四分律行事鈔《しぶんりつぎょうじしょう》』（『四分律刪繁補闕《さんぱんほけつ》行事鈔』とも）があり、ほかにも高僧の伝記として『続高僧伝』などを著した。

道範《どうはん》 鎌倉時代の僧。和泉出身。一一七八～一二五二。高野山の正智院《しょうちいん》で出家。一時は高野山内部の問題で讃岐に配流。優れた学識を備え、著書は二百余巻にのぼると伝わる。

兜率天《とそつてん》 ⇒ **弥勒** 二〇六頁

な

南無阿弥陀仏《なむあみだぶつ》　「南無」はサンスクリット語ナモー namo（ナマス namas）の音写語で、「わたしは阿弥陀仏を頼りとします」という意味。これを唱えることで極楽浄土に往生できるという。⇓ **阿弥陀** 一九三頁

に

日想観《にっそうかん》　『観無量寿経』に説かれる、阿弥陀の浄土に生まれるための観法（十六観）の一番目。太陽が西に沈んでいく様子を観察して、同じ西方に極楽浄土があることを思い浮かべる。

仁和寺《にんなじ》　京都市右京《うきょう》区御室《おむろ》にあり、現在は真言宗御室《おむろ》派総本山の寺院。

ね

根来山《ねごろさん》　和歌山県岩出市にあり、覚鑁《かくばん》が開いた新義真言宗の総本山根来寺がある。⇓ **新義真言** 二〇一頁

ひ

秘密念仏《ひみつねんぶつ》　真言教義の立場から念仏を解釈する密教思想。

白毫《びゃくごう》　仏の眉間にある白い巻毛。仏に備わる特質（三十二相）の一。白毫から放たれる光明を観ずることで罪悪が消滅するとされる。⇓ 注(31)

ふ

普賢菩薩《ふげんぼさつ》　サンスクリット語はサマンタバドラ Samantabhadra。大乗経典から密教まで幅広く登場する菩薩。『華厳経《けごんぎょう》』には普賢菩薩が人々の救済のために建てた十大願が説かれ、如来を称賛する、諸仏の説法を請う、すべての功徳を遍く振り分けるなどして人々の罪悪を取り除く。密教では、大日如来に付き従い、金剛薩埵《こんごうさった》と同体異名とされる。

補陀落《ふだらく》　観音菩薩が住むと考えられている伝説上の山の名。サンスクリット語ポータラカ Potalaka の

音写語。本来はインド南部に存在するとされていたが、観音信仰の広がりとともに各地の観音霊場にもその名を用いた。中国浙江省《せっこう》の普陀山《ふださん》はその代表であり、日本では那智山《なちさん》を補陀落に見立てる。

仏眼《ぶつげん》　⇒　注(9)

不動明王《ふどうみょうおう》　サンスクリット語はアチャラ・ナータ Acalanātha。密教特有の尊格で、『大日経《だいにちきょう》』では大日如来の使者として登場するが、のちに、仏法に従わず救済しがたい者たちを救うために大日如来が恐ろしい姿に変身したものとなる。

ほ

宝篋印陀羅尼《ほうきょういんだらに》　『宝篋印陀羅尼経』（正式名は『一切如来心秘密全身舎利宝篋印陀羅尼経《いっさいにょらいしんひみつぜんしんしゃり》』）に説かれる陀羅尼。尊勝大仏頂陀羅尼、無量寿如来根本陀羅尼とともに、真言宗で日常的に唱えられる三陀羅尼の一。

法然《ほうねん》　浄土宗の開祖。一一三三〜一二一二。十三歳で比叡山に入り、特に黒谷《くろだに》の慈眼房叡空《じげんぼうえいくう》に師事した。四十三歳のときに専ら阿弥陀仏の名を称えることを行とする、いわゆる専修念仏《せんじゅねんぶつ》に目覚めた。以後、ときには比叡山や奈良の在来仏教と法論を交わしながら教えを説いて回り、多くの信徒を得たが、その勢いを警戒した在来仏教勢力からの圧力もあって晩年には一時讃岐に流された。主著に『選択本願念仏集《せんじゃくほんがんねんぶつしゅう》』。弟子の中に浄土真宗の開祖親鸞《しんらん》がいる。

法曼荼羅《ほうまんだら》　⇒　**四種曼荼羅**　二〇〇頁

宝楼閣《ほうろうかく》　須弥山の上にある諸尊の居所。この楼閣を讃える陀羅尼の功徳を説いた『宝楼閣経』（正式名は『大宝広博楼閣善住秘密陀羅尼経《だいほうこうはくろうかくぜんじゅうひみつだらにきょう》』）が存在し、密教にはその経に基づいて災難の除去などを祈る修法がある。

『法華経《ほけきょう》』　インド初期大乗経典で、サンスクリット語の原題は『サッダルマ・プンダーリカ Saddharmapuṇḍārika』。主要な漢訳には、西晋の竺法《じくほう》護《ご》訳『正法華経《しょうほっけきょう》』、後秦の鳩摩羅什《くまらじゅう》訳『妙法蓮華経《みょうほうれんげ》』、隋の闍那崛多《しゃなくった》・達摩笈多《だつまぎゅうた》共訳『添品《てんぼん》妙法蓮華経』があるが、日本仏教では、もっぱら鳩摩羅什訳を用いる。内容は主にすべての生きものが等しく成仏できるという一乗妙法《いちじょうみょうほう》と、釈迦牟尼《しゃかむに》は実ははるか昔に仏となっており、それ以来救済活動を行っているという久遠実成《くおんじつじょう》を説く。天台宗、日蓮宗の根本経典であり、宗派を越えて広く信仰を集めた。

菩提心《ぼだいしん》　悟りを願う心。悟りを得たいと願う心。

法界《ほっかい》　サンスクリット語はダルマ・ダートゥ dharma-dhātu。一切の存在の根源・基体の意味。あるいは、真理の現れとしての現象世界。

法華懺法《ほっけせんぼう》　『法華経』を読誦して行った罪悪を懺悔《さんげ》する法要。

法身《ほっしん》　真理としての仏の身。仏を身体的なすがたではなく、真理という本質としてみたもの。

法身仏《ほっしんぶつ》　⇒ **法身** 二〇六頁

法相宗《ほっそうしゅう》　奈良の南都六宗の一。唐の玄奘《げんじょう》がインドで学んだ瑜伽行唯識《ゆがぎょうゆいしき》思想を中心に弟子の窺基《きき》が法相宗を開き、日本には遣唐使の留学によって伝わった。大本山は、興福寺と薬師寺の二つ。

梵語《ぼんご》　⇒ **サンスクリット語** 一九九頁

本不生《ほんぷしょう》　本来的に不生であること。悉曇文字の阿（ア）が持つ意味。

『梵網経』《ぼんもうきょう》　大蔵経には二巻本が収められ、上巻は菩薩の修行法を、下巻は菩薩の生活規則を説く。後秦の鳩摩羅什《くまらじゅう》訳と伝えられる場合が多いが、現在では五世紀後半頃に中国で偽作された経典と考えられている。

み

密厳道場《みつごんどうじょう》　大日如来のいる浄土のこと。大日如来の世界としての全宇宙。密厳国土、密厳浄土とも。『大乗密厳経』《だいじょうみつごんきょう》に説かれる。⇒ 注(17)

弥勒《みろく》　サンスクリット語はマイトレーヤ Maitreya。弥勒は釈迦牟尼《しゃかむに》（釈迦）の次にこの世に現れて多くの人々を救済する未来仏であり、現在も兜率天《とそつてん》において説法を続けているとされる。中国や朝鮮半島、日本では、死後にその兜率天に往生することを願う弥勒信仰が流行した。

む

無常院《むじょういん》　無常堂。涅槃《ねはん》堂とも。病気などで死が近づいている者を日常から隔離して収容する建物。古くはインドの祇園精舎《ぎおんしょうじゃ》の一角に設置されていたという。日本では、平安時代末期頃から寺院内に設置されるようになり、そこで臨終行儀《りんじゅうぎょうぎ》が行われた。

無量寿如来《むりょうじゅにょらい》　⇒**阿弥陀**　一九三頁

も

文殊菩薩《もんじゅぼさつ》　文殊はサンスクリット語マンジュシュリー Mañjuśrī の音写語である文殊師利《もんじゅしり》の略。大乗経典によく登場し、特性である智慧を用いて巧みに説法を行う。密教では、胎蔵界曼荼羅《たいぞうかいまんだら》上で大日如来の上方に位置する阿弥陀如来が、菩薩の姿として文殊菩薩となり、その阿弥陀如来や文殊菩薩は、救済し難い者たちを救うために恐ろしい姿をして大《だい》威徳明王《いとくみょうおう》となる。

や

夜叉《やしゃ》　サンスクリット語ヤクシャ yakṣa の音写語。仏教以前の古代インドでは神霊的存在で、鬼神と言われるほど恐ろしい反面、恩恵を与える面も備えた。仏教に取り入れられて、龍や阿修羅などと並んでブッダに教化されて仏法を守る八部衆の一。このストーン論文ではおそらく人食い鬼としての悪の側面で理解されている。

ゆ

由旬《ゆじゅん》　サンスクリット語ヨージャナ yojana の音写語。古代インドで用いられた距離の単位。具体的な長さは明確には知られないが、一説には約七キロメートル。

よ

慶滋保胤《よししげのやすたね》　九三三？〜一〇〇二。平安時代中期の文人、儒学者。菅原文時《すがわらのふみとき》に師事し、詔勅や宣命を作る大内記《だいないき》となり、のちに出家して内記入道《ないきにゅうどう》と呼ばれる。比叡山横川《よかわ》に住んでいたと伝わるが、近年では疑問視される。主著に『日本往生極楽記』。

ら

来迎《らいごう》　浄土に生まれたいと願う者の臨終において、仏・菩薩が迎えに来ること。その様子を描いた来迎図は、平安中期以降盛んとなった浄土教美術の代表。

り

『理趣経』《りしゅきょう》　『般若《はんにゃ》理趣経』とも。真言宗の常用経典。十七段からなり、すべての物事が本来的に清浄であることを人間生活の諸局面に即して説く。各段の末尾にはその段の内容を象徴する一字の真言（種子《しゅじ》）が付されている。

両界曼荼羅《りょうかいまんだら》　密教において胎蔵界《たいぞうかい》と金剛界《こんごうかい》を合わせて両部《りょうぶ》と称する。胎蔵界が真理、金剛界がそれを把握する智慧に配される。両者に固有の曼荼《まんだ》羅《ら》（胎蔵界曼荼羅・金剛界曼荼羅）があり、どちらも大日如来を中心とした諸尊の配置が種々の教義を象徴するものと解釈される。

『楞厳院二十五三昧結衆過去帳』《りょうごんいんにじゅうござんまいけっしゅうかこちょう》　⇒注（7）

臨終行儀《りんじゅうぎょうぎ》　臨終を迎えている者あるいはその周りの僧侶たちが、死という局面において行う仏教の修行や実践。その内容は阿弥陀の浄土への往生を目指すものや、大日如来との合一を目指すものなど様々であり、またその実践方法や解釈は、宗派やいずれかの教義体制を越えて、様々に行われた。

れ

蓮華部《れんげぶ》　胎蔵界においては三部のうちの一で観音菩薩を主尊とする。金剛界においては成身会における五部の一で無量寿如来（阿弥陀如来）を主尊とし、曼荼羅上では中心に位置する大日如来の上方に配される。⇒**成身会**二〇一頁、**両界曼荼羅**二〇八頁

蓮待《れんたい》　平安中期後期の土佐の僧。一〇一三〜一〇九

八。京都の仁和寺《にんなじ》で密教を学び、山梨県と長野県の境にある金峰山《きんぶせん》で塩を断って穀物のみを摂取する苦行を行い、高野山にて修行した。その後諸国を遍歴して高野山に戻り、終焉の地と願うが、聖地を汚すとして許されず、土佐に帰郷する途中で入寂した。

ろ

六時《ろくじ》　一日を六つの時間帯に分割した区分。晨朝《じんじょう》（午前六時ごろ）・日中《にっちゅう》（正午）・日没《にちもつ》（午後六時ごろ）・初夜《しょや》（午後八時ごろ）・中夜《ちゅうや》（午後十時から午前二時まで）・後夜《ごや》（午前四時ごろ）の六つ。昼夜六時ともいう。昼《ちゅう》夜《や》を六つに分けて、儀礼や修法をそれぞれの時間に行うこと。

六大《ろくだい》　⇒　**五大**　一九八頁

六道抜苦《ろくどうばっく》　六道とは、生きものが自身の行い（業《ごう》）の良し悪しによって生死を繰り返す六つのあり方であり、具体的には地獄《じごく》・餓鬼《がき》・畜生《ちくしょう》・修羅《しゅら》（阿修羅《あしゅら》とも）・人間・天をいう。前者の三つは三悪道（三悪趣《あくしゅ》）、後者の三つは三善道（三善趣《ぜんしゅ》）と言われる。六道抜苦とは、それらすべての生きものの苦しみを取り除くという、念仏や真言、陀羅尼がもたらす効果の一。

編者注

本章はJacqueline I. Stone, "Secret Art of Dying: Esoteric Deathbed Practices in Heian Japan"（2007）を中山慧輝氏が和訳したものである。和訳に当たっては原著者ストーン氏の校閲を経て和訳最終版を作成した。

英語原文は詳細な学術論文として九十三箇所に注を付す。しかし本シリーズ実践仏教は全体の方針として注を付さない書式を採るため、編者は中山氏と相談した結果、原著者の了解を得て、次のように書式を一部変更することとした。

一、原著に収める注のうち、原典（一次文献）の巻数・頁を示す等の内容は、注を本文に移動し、これを本文の文末に｛｝で示した。これによって注の数を原著の三分の二の六十五箇所に減らしたが、内容に関しては一切変更していない。また、これ以外は本文・注ともに原著の忠実な逐語訳である。

二、原著の高い学術的性格を損なうことなく、一般読者に親しみやすい内容となるよう、章末に「語彙解説」を付した。語彙解説の項目と内容は和訳者中山氏の手になるものであり、原著には含まれていない。編者も内容を確認した。

三、原著をさらに分かりやすくするため、内容と関連する図版をいくつか加えた。図版の選定も中山氏によるが、これもストーン氏の了承を得ている。

（船山徹　記）

図版一覧

口絵　「阿弥陀聖衆来迎図」画像提供：奈良国立博物館（撮影：森村欣司）

第一章

図 1　「学如撰『根本薩婆多部律摂』」所蔵：広島市福王寺

図 2　「西本龍山」所蔵：西本涼邦

図 3　「Gregory Schopen」*Photo: UCLA*

図 4　「エーラパトラ龍王の礼仏」『世界美術大全集　東洋編　第 13 巻 インド 1』p34、図 29（小学館、2000）より

図 5　「リンリン博物館三尊像」Richard Salomon & Gregory Shopen "On an Alleged Reference to Amitābha in a Kharosthi Inscription on a Gandhārian Relief." *Journal of the International Association of Buddhist Studies*, Vol. 25（1–2）, pp. 3–31（p4, Fig4）, 2002 より

図 6　「Triptych：Northern Wei Painting」The Buddha's Birthday Education Project（BBEP）HP（http://thebbep.org/artwork-northen-wei-triptych/）より

図 7　「樹下思惟」所蔵：ペシャワール博物館、中村元編『ブッダの世界』p92、図 2–20（学習研究社、1980）より

第二章

図 1　「臨終行儀」所蔵：浄土院、慈空『臨終節用』貞享 3 年刊

図 2　「楞厳院二十五三昧結衆過去帳」所蔵：宮内庁書陵部、奈良国立博物館編『源信：地獄極楽への扉――一〇〇〇年忌特別展』（朝日新聞社、2017）より

図 3　「恵心僧都源信像」所蔵：聖衆来迎寺、同上より

図 4　「日本往生極楽記」所蔵：天理大学付属天理図書館、同上より

図 5　「両界曼荼羅」所蔵：興山寺、和歌山県立博物館編『弘法大師と高野参詣』（2015）より

図 6　「根来寺」写真：663 highland, 2007

索　引

一、第一章と第二章の語彙を別に載録した。
二、太字は二章に共通して現れる語彙の頁を示す。
三、読者の理解に資するため「語彙解説（中山慧輝編）」の見出し語も索引の対象とし、「★」を付して区別する。
四、第二章の和訳は英文に忠実な逐語訳であるが、全ての用例が全面的に一致するわけではない。本索引は和訳語の索引であることを了解されたい。

第一章索引

あ行

アショーカ王／アショーカ王碑文　24,39
アナータピンダダ　64,65,67-77,82,84,87,95-96,98-101,→給孤独
阿弥陀仏／阿弥陀如来　7-8,39-40,44-47,49,**123-124,126-128,130-132,134,136-137,140,142,144-148,154-155,157,163,166-167,170-174,176,179,**193★
安居　102,104
石田瑞麿　19,176
言っていることではなく、やっていることが、その人の正体　113
入矢義高　50,101
因縁譚　14,16,34,62
ヴァイシャーカ月／吠舎佉月　95-96,98-99,107
『ヴィナヤ・ヴィバンガ』　68-69
ヴィニータ・デーヴァ　69
ウェーサーカ祭　98
ウッダーナ　71,73,75,78,80,86
于闐国／コータン、ホータン　55,57
ウパーリ問答　85-86
縁起　12

か行

戒日王／ハルシャ・ヴァルダナ王　107-108
戒律　13-14,25-26
戒律復興／戒律復興運動　32-33,**141**
学如　31-32
駕籠　72,109
髪結式　97
辛嶋静志　46
『カンカー・ビタラニー』　35
韓国のテレビドラマ　40
漢字文化圏　7,13-14,17,27-29,31-33,53
鑑真　19,28
ガンダーラ　44-47
観音菩薩／観音　41,45-46,109-110,**123,130,153,170,**195★
灌仏　48,57

『観仏三昧海経』 55,60
『観無量寿経』 7,142,146,154-155,173-174,177,195★
義浄 23,28-30,32-35,54,60-63,66-69,71,73-75,77-84,86-87,89-90,93-95,99-102,104,109-111
給孤独 65,67,→アナータピンダダ
「経」 13
行城 48,88-89,104
行像 9,20,38,40,47-50,52-60,63-64,71,73-76,78-82,84-85,87,89-91,93-95,98,101,104-107,109-112
行像司 111
曲女城／カニヤークブジャ、カナウジ 107
近代仏教学 11,25,28-30,35,57,66,112
「空」 12
屈支国／クチャ 54
供物 75-76,89,129
供養 48-49,58,73-75,77-80,82,86,88,94,103,108-109,132-133,155,176
クラーク、シェーン 33
車 52,56,72-78,91,93,105
景明寺 50-52
玄奘 53-54,58,101,107,110-111
皓月 33
降誕会 48,51-52,94
香殿 99-101
弘法寺 49
広律 23
五戒 13
国訳一切経 35
極楽／極楽浄土 7,44,49,123,126,131,136,144,151,156-159,161,163,167,198★
五衆 81-83,88
『五分律』 23,26-27,29,31,33,35
婚活 14,16
『根本薩婆多部律摂』 30-31
「根本説一切有部律」 20,23,26-37,43,54,59-64,66,68-69,85,94-95,97,105-106,111-112
『根本説一切有部尼陀那目得迦』 62
『根本説一切有部毘奈耶』 29
『根本説一切有部毘奈耶頌』 30

さ行

西域／西域諸国 9,47-49,52-55,57-59,101,106,109-111
最澄 19,125,169,199★
祭典／大祭典 49,76,78,81,87,94-96,98-101,104
財物保管比丘 89
佐藤密雄 29
三摩近離／サマグラ 103
『サマンタ・パーサーディカー』 35
サルヴァースティヴァーダ 23,65,→説一切有部
サロモン、リチャード 45-46
『三学録』 33
サンスクリット／サンスクリット語 10,21,96,199★
三宝 18-19,108-109
慈雲 33
式叉摩那 14,81-82,88
自恣 102-104
四天王 41
四仏事 97-98
『四分律』 23,26-29,31-33,35
シャカムニ 8,13,24,70,93,105
沙弥 13,81-82,88
沙弥尼 14,81-82,88
ジャンブ樹の木陰に坐している像 67-70,73-74,77,81-82,87,96

『宗教年鑑』 7
『十誦律』 22-23,26-27,29-31,33,35,65-66
授戒／受戒 13,17-19,27-28
樹下思惟／樹下観耕 70,105
巡城 48,52-53
昭儀尼寺 50-52
小乗／小乗仏教 38,39,194*
浄土／浄土思想 7-8,**123-128**,**131-132**,**135-154**,**156-160**,**162-163**,**165-174**,**177**,**179**
成道 22,66,97-98,100-101
初期仏典 13
初転法輪 97
ジョーンズ、ウィリアム 10
ショペン、グレゴリー 36-37,45-46
白樺の皮 87
随意 102
末木文美士 25
『スッタ・ヴィバンガ』 31
『スッタ・ニパータ』 113
勢至菩薩 45
聖樹 42
説一切有部 23,30,65,→サルヴァースティヴァーダ
善導 41,**140**,**146**,**148**,**178**
贍部影像 67,69-71,99-101
僧残 15-16
足跡 42,64
尊儀 88

た行

帝釈天 108
大乗戒 13
大乗経典 13,38-39,44-45,60,**141**
大乗仏教 13,38-39
『大唐西域記』 54-55,58,81,93,107,110
『大唐西域求法高僧伝』 107,109-110
『大唐大慈恩寺三蔵法師伝』 107
高田修 65
陀那伽陀 102,→布施の偈
ダルマグプタカ 23,→法蔵部
稚児行列 49
チベット大蔵経 34
チベット文化圏 6-7,10,27,31,33
チベットルート 6-7
チューダーカラナ 97
チューダーカルマ 97
長秋寺 50-52
剃髪式 97
道宣 28,**139-140**,203*
敦煌 111
敦煌文書 111

な行

中村元 48
南無阿弥陀仏 7,**124**,204*
鳴り物 79-80,84-85,93,103,105
南海 101,103
『南海寄帰内法伝』／『南海寄帰伝』 53-54,94,101,104
南伝ルート 6-7
西本龍山 35-36
『ニダーナ』／『尼陀那』 20,35,60-64,66,70,73,75,78,80-81,84-85,93-95,97-98,100,104,112
繞城／遶城 48
如来 8,**157**
涅槃 97-98,**147**

は行

パータリプトラ／巴連弗城 55,57,80

第一章索引

パーリ語文化圏　7-8,27-28
「パーリ律」　14,23,25-29,31,35
バールフット　42
ハルシャ・ヴァルダナ王／ハルシャ王　107-110,→戒日王
比丘　13-16,26-27,67,76,79-93,100
樋口隆康　47
比丘尼　13-16,26-27,76,81-82,88,91-93
ピザ効果　40
平川彰　14,33,36
布施の偈　102,→陀那伽陀
『仏国記』　53,→『法顕伝』
仏生会　48
仏像　8-9,18,38,40-41,43-45,47-49,51-52,54-55,57,59,62,64,66-67,100,103-105,107-111,**124,133,140,152,154**
『仏像の起源』　65-66
「仏像」の出現　41
ブッダ　7,12-15,17-18,21,26,33-34,41-44,48,52-53,57,59,64-65,67-69,71-78,80,82-88,90,92-101,104-105,113
ブッダゴーサ　35
仏伝　33,42-43
仏塔　42,62,97-98
部派　13,23-27,30,65
ブラフ、ジョン　45
文献学／フィロロジー　9-11
法蔵部　23
法然　41,**123**,205★
法輪　42,64
北伝ルート　6-7
菩薩　41,43-44,49,56,58,64-66,70,72-74,77,93,99,105,111,**123-124,172**
菩薩戒　13
菩薩像　44,51,64-67,69-80,88,91,95,98-101,105-106,110
法顕　53-54,56,58,101
『法顕伝』　48,53,55,57-58,60,80-81,93,→『仏国記』
梵天王　108
梵網戒／梵網経　13,206★

ま行

『摩訶僧祇律』　23,26-27,29,31,33,35
マトゥラー　44
水谷真成　54
「道」　22
明王　41,**142**
妙瑞　32
『三世の光』　33
無我　12,**147**
迎講　49
『ムクタカ』／『目得迦』　20,35,60-63,75,77,80-81,83,85,89,91,93-94,98,112

や、ら行

楊衒之　50
洛陽　50
『洛陽伽藍記』　55,101,110
李柱亨　46
律　9,12-14,16,19-20,22-30,32-35,44,61,85,112,**139**
『律経』　32
利得　76,91
リンリン美術館　45-46
輦輿　54-55,74-75,102

第二章索引

あ行

阿／ア　131,143,146-147,155,161
阿字観　146-148,151,158-159,175,177
阿闍梨　133-134,193★
阿弥陀／法蔵　**8,45-46**,123-124,126-128,130-134,136-137,140,142,144-148,154-158,163,166-167,170-174,176,179,193★
『阿弥陀経』　130,193★
阿弥陀供養法　130,132,170,193★
アロリキヤ　130,170,193★
『安楽集』　140,178
異香　137,193★
石山寺　127,193★
『一期大要秘密集』　150-154,156-160,167-168,176-179,193★
印　124,126-127,134-135,138,143,147-148,151,164,167,193★
ヴァジュラヤーナ　124,194★
会通／会釈　160
円鏡　175
延昌　134
延暦寺　127,194
往生　123-124,126-128,131-132,134-135,137-139,145,148-150,154,158-160,165-174,177,179
往生伝　124,127,131-132,134-135,139,143,194★
『往生要集』　124,131,139-141,143,145-146,173-174,178
大江音人　133
大谷旭雄　146
厭離穢土、欣求浄土　125,139

か行

覚海　162-165,167,179,194★
『覚海法橋法語』　162-165,167-168
覚超　131,135,171
覚鑁　148,150-162,167,172,175-179,194★
過去帳　195★,→楞厳院二十五三昧結衆過去帳
加持　131,144,167,171,195★
月輪　134,137,144,172,195★
月輪観　131,151,171,177,195★
合殺　153
羯磨曼荼羅　146,195★
歓子　132,133
『観念法門』　140,178
観音　**45-46**,109-110,123,170,195★
観音菩薩　**41,45**,153
『観無量寿経』　7,142,146,154-155,173-174,177,195★
『観無量寿仏経疏』　146
甘露　147,196★
祇園精舎　139-141,196★
逆修　132
教懐　132
行住坐臥　164,196★
空海　**33**,124-125,150,161,166,169,196★
九品／九品往生　151,158,177,196★
『渓嵐拾葉集』　138,172
『華厳経』　156,197★
結衆　128
検校　133,162,197★
顕教　124,131-132,134,138,148,156,

174,178
源信　124-125,130-131,139-146,148,152,171,173-174,178,197★
業　197★
業障／業の妨げ　132,143,147,151,171,174
康審　130
興福寺別当　128,197★
光明真言　130-131,143,156,171,197★
高野山　32,127,131,135-136,150,162,171,179
『高野山往生伝』　132,134,136-137,171
虚空蔵菩薩　133-134,197★
極楽／極楽の国土／極楽浄土　7,44,49,123,126,131,136,144,151,156-159,161,163,167,198★
五鈷杵　135,198★
五十三仏　155,198★
五辛　152,198★
五大　144,198★
五智　153,178,198★
五智如来　15,198★
五智房　164,179,198★
護摩行　129,198★
金剛界／金剛界曼荼羅　136-137,144,172,198★
金剛峯寺　127,150,197★

さ行

西行　137-138,172,199★
最後の瞬間　142,149,151,164,→臨終／臨終正念
最澄　19,125,169,199★
西方因菩薩／金剛院菩薩　137,172,199★
座主　127,199★
サマーディボーディチッタ／三摩地菩提心　151,177,199★
懺悔　130,143,174,→臨終
『三外往生伝』　134
サンスクリット　10,21,96,199★
三部の大法　127,199★
三昧　164,199★
三昧耶形　144,199★
三昧耶曼荼羅　146,199★
三密／三密加持／三密修行／身・口・意　124,127,131,136,138-139,143,146-148,151-152,158,161,172,199★
地獄　155,172
地獄に堕ちる十五の兆候　155
四十八願　130,200★
四種曼荼羅　146,200★
悉地　164
実相　144,164,174,200★
悉曇／悉曇文字　131,154,200★
実範　141-152,156-158,161-162,167,173-176,200★
七宝　56,144,200★
『四分律行事鈔』　139-140,200★
『拾遺往生伝』　133,137
十願　130,200★
十重禁　130,200★
十念　140,173,201★
『十念極楽易往集』　176-177
宗派分類の流動性／透過性　128,160
『守護国界主陀羅尼経』　155
種子　126,131,144-147,179,201★
衆生　146,177,201★
修法　201★,→密教儀礼
須弥山　145,201★
聖衆／聖なる集団　123,132,137,140,

201★
定昭　128,135
成身会　144,172,201★
浄土　123-128,131-132,135-154,156-160,162-163,165-174,177,179
浄土（往生）を願う／浄土への願い　123,125,127-128,132,145,149,154,160,165-168,→往生
正念　133,142-143,145,151,154,156,164,201★
聖念（聖金）　129
上品上生　159,201★
称名　153,201★
聖誉　135
死霊鎮送　132,201★
新義真言　150,201★
『新校高野春秋編年輯録』　128
真言　124,126-127,130,132,138-139,141,143-144,147-148,151,153,159-161,163-164,166,171,202★
真言念仏　151,178,202★
真如　148,202★
真能　133
真頼　127
親鸞　123,202★
随求陀羅尼　130,202★
勢縁　135,138
聖なる集団　→聖衆，来迎
千手観音　130
善知識／善友　152-156,158,163-164,173,178
善導　**41**,140,146,148,178
「瞻病送終篇」　139
善無畏　156,178
増命　127
即身成仏　126-127,138,148-149,157-160,166-169,176,179,202★
『続本朝往生伝』　131,133-134,171
尊勝大仏頂陀羅尼　130,132-133,156,202★

た行

大威徳明王　133,203★
胎蔵界曼荼羅　134,203★
大伝法院　150,203★
大日如来　124,131,134-135,137,148,151,153,157,159-163,165,167,169,172,179,203★
大曼荼羅　146,203★
陀羅尼　130-132,143,151,170
中国本伝　139,203★
中道　**22**,147-148,203
同音　154,203★
東寺長者　128,203★
道綽　140,178
道宣　**28**,139-140,203★
道範　148,161-162,179,203★
兜率天　163,203★

な行

南無阿弥陀仏／ナモーアミターブフ　**7**,124,154,204★,→念仏
二十五三昧会　128,130-131,135,140,169-171
日想観　154,204★
『日本往生極楽記』　127-128,134
仁和寺　135,204★
根来山　150,204★
念仏／念仏修行　124,127-133,136,139,143,146-148,154-155,167,173
能願　136,172

は行

速水侑　132,143

比叡山　127-128,134,141,172
秘密念仏　150,204★
白毫　145-146,174,204★
白毫観　174
『病中修行記』　141-143,145-150,152,157-158,167-168,174,176
普賢菩薩　130,204★
補陀落　123,204★
仏眼　130,155,170,205★
仏厳　176-177
『仏法夢物語』　175
不動明王　41,129,132,142-143,153,205★
不二　139,146,148-149,158-162,164,166-168,173,176,179
フリーヒ　126,144
別所／別所聖　131
宝篋印陀羅尼　155,205★
法然　41,123,205★
法曼荼羅　146,205★
宝楼閣　156,205★
『法華経』　130,136,156,169,176,205★
菩提心　142,177,206★
法界　136,138,144-145,206★
法華懺法　143,174,206★
法身　144,147,206★
法身仏　124,148,206★
法相宗／法相　141,206★
梵語　131,146,155,206★,→サンスクリット
本尊　51,124,134,144,146-148,151-152,155
『本朝新修往生伝』　135
本不生　131,143-144,147,155,163,206★
『梵網経』　130,206★

ま行

曼荼羅　146,153,161
密教儀礼／密教修行／密教修法　125,127-129,131,135,146,148,150-152,162,166,162,166-167
密厳／密厳国土　135,159-160,172,→密厳道場
密厳道場　163,165,206★
明寂　134
明靖　127
明普　128
弥勒　123,136,163,206★
無常院　140,152,207★
『無量寿儀軌』　126,170
『無量寿経』　173
無量寿如来　126,137,172,207★,→阿弥陀
文殊菩薩　133,207★

や、ら行

夜叉　163,207★
維範　133,171
由旬　144,207★
慶滋保胤　127,171,207★
来迎　49,123-124,140,208★
『理趣経』　126,136,155,171-172,208★
『理趣釈』　126
良運　129
両界曼荼羅　132,135-136,208★
『楞厳院二十五三昧結衆過去帳』　128-130,169-170,208★
臨終　123-124,127,131-138,140,142-143,145-146,148-155,160,163-165,167,172-173-175,178-179
臨終行儀　124-126,131-132,138-144,148,150,152-154,156-158,161-163,

165,167,173-175,178,208★
臨終正念／臨終の正念／臨終のときに正念を保つ　133,142→正念
『臨終用心事』　161
輪廻　123,138,150,158,→業障／業の妨げ
蓮華部　144,208★
蓮待　136-138,208★
六時　129,209★
六大　161,209★
六道抜苦　132,209★

岸野亮示（きしの　りょうじ）
一九七七年京都市生まれ。京都大学文学部卒業。同大学大学院文学研究科修士課程修了、博士課程指導認定退学。カリフォルニア大学ロサンゼルス校（ＵＣＬＡ）博士。京都薬科大学一般教育分野講師。専攻は仏教学。主な著作に、"The Implications of Bu ston's (1290–1364) Doubts about the Authenticity of the *Vinaya-saṃgraha*"（*Memoirs of the Research Department of the Toyo Bunko* 77, 2020）、「律尊者西本龍山：大谷大学と「根本説一切有部律」研究」（『佛教學セミナー』一〇九、二〇一九）などがある。

ジャクリーン・I・ストーン
一九四九年カリフォルニア州・バークレー生まれ。プリンストン大学宗教学部名誉教授。専攻は日本仏教。主な著作に、*Original Enlightenment and the Transformation of Medieval Japanese Buddhism*（本覚法門と日本中世仏教の展開）, Kuroda Institute Studies in East Asia Buddhism 12, Honolulu: University of Hawai'i Press, 1999; *Right Thoughts at the Last Moment: Buddhism and Deathbed Practices in Early Medieval Japan*, Kuroda Institute Studies in East Asian Buddhism 26, Honolulu: University of Hawai'i Press, 2016 などがある。

中山慧輝（なかやま　けいき）
一九九一年福井県生まれ。京都大学文学研究科博士課程、日本学術振興会特別研究員ＤＣ２。専攻はインド仏教。主な著作に、「『瑜伽師地論』「声聞地」の修道論における無常観察の特徴とその位置づけ――準備段階から出世間道へ」（『密教文化』二四一、二〇一九）、『『中観五蘊論』の法体系――五位七十五法対応語を除く主要術語の分析』（山喜房佛書林、二〇一九、共著）などがある。

シリーズ実践仏教 II
現世の活動と来世の往生
二〇二〇年三月三十一日　初版発行

編者　船山　徹
著者　岸野亮示
　　　ジャクリーン・I・ストーン
（翻訳）中山慧輝
発行者　片岡　敦
印刷製本　亜細亜印刷株式会社

606-8204　京都市左京区田中下柳町八番地
発行所　株式会社 臨川書店
電話（〇七五）七二一-七一一一
郵便振替　〇一〇七〇-二-八〇〇

落丁本・乱丁本はお取替えいたします
定価はカバーに表示してあります

ISBN 978-4-653-04572-4 C0315〔ISBN 978-4-653-04570-0 セット〕

シリーズ実践仏教　刊行の言葉

京都大学人文科学研究所教授　船山　徹

世界の様々な宗教には、心のあり方を重んずる宗教もあれば、体を動かすことをより重視する宗教もある。仏教は、過去の歴史と現在社会において、心の状態を重視しながら、その一方で教えを口で説き示し、体を動かして実践してみせることにも大きな意義を認めている。

本シリーズは実生活や行為と仏教のつながりに目をあてる。仏教の概説書は、思想や教理という抽象的な側面から仏教を照らし出すことが多いだろうが、本シリーズはこれまであまり注目されてこなかった実践行為を取り扱う。

仏教の実践に着目する概説はこれまでもたくさんあった。しかし例えば「インド大乗仏教の瞑想実践」という概説があるとしよう。内容は実践と関係するに違いないだろうが、実際に中身を読んでみると、「具体的な実践」は取り上げず専ら「実践に関する理論」の説明に終始することがよくある。具体的な実践それ自体でなく、実践修行に関する抽象的理論を扱うだけの場合がままあるのだ。このような理論の枠組みに収まりきらないような具体的な事柄をもし主題とするなら、仏教の歴史や現状をどう説明できるだろうか。編者としてわたくしは、まさにこのような視点から『シリーズ実践仏教』を世に問いたい。

本シリーズの第一巻は、菩薩という大乗仏教の理想とする生き方を概説する。第二巻は、長い時間のなかで生きものは輪廻し何度も生まれ変わることの意味を取り上げる。第三巻は深い信仰から仏像や碑文を作る行為を具体的に説き明かす。第四巻は信仰とかかわる写経（経典の書写）の意義と、仏教の娯楽となった芸能や言葉遊びを紹介する。以上が前近代と関係するのに対し、第五巻は現代社会に息づく仏教を三章に分けて扱う。すなわち最初期から重視されつづけてきた瞑想法（精神統制）の今日的発展を扱う章、世界の仏教国の中で独自の価値を示し、注目されているブータン王国の仏教実践を解説する章、そして最後に、現代社会の避けられない課題として長寿のもたらす支援介護のあり方とターミナルケアにおいて仏教が果たす役割を紹介する章である。

本シリーズをきっかけに多くの読者が仏教の歴史と現代的課題に思いを寄せ、様々な形で現れた実践仏教について理解を深めるのに役立てて頂けるならば、編者として望外の喜びである。どの章も読者の目線を考えて分かり易くなるよう入念に執筆されているので、是非ご一読いただきたい。